KB178430

자기만의 방
마련하는 법

자기만의 방 마련하는 법

21세기 버지니아 울프를 위한 금융 공부

ⓒ 볼리(박보현) 2021

초판 1쇄	2021년 11월 21일
초판 2쇄	2022년 7월 22일

지은이	볼리(박보현)

출판책임	박성규	펴낸이	이정원
편집주간	선우미정	펴낸곳	도서출판 들녘
편집진행	이수연	등록일자	1987년 12월 12일
편집	이동하·김혜민	등록번호	10-156
디자인	고유단		
마케팅	전병우	주소	경기도 파주시 회동길 198
멀티미디어	이지윤	전화	031-955-7374 (대표)
경영지원	김은주·나수정		031-955-7381 (편집)
제작관리	구법모	팩스	031-955-7393
물류관리	엄철용	이메일	dulnyouk@dulnyouk.co.kr

ISBN	979-11-5925-671-4 (03320)

21세기
버지니아 울프를
위한 금융 공부

자기만의 방
마련하는 법

볼리 지음

참새책방

21세기 버지니아 울프의 경제적 자유를 위하여

한 여성이 있었습니다. 1882년 영국 런던에서 태어난 그녀는 남성이 많은 젊은 지식인 예술가 그룹에서도 자신의 지성과 작품을 뽐냈습니다. 이 여성의 이름은 버지니아 울프, 20세기 가장 영향력 있는 여성 작가로 꼽히는 인물입니다. 버지니아 울프는 『댈러웨이 부인』 『등대로』 『올랜도』 『파도』 『세월』 등 여러 뛰어난 문학작품을 남겼습니다. 그리고 1929년에는 우리에게 기념비적인 작품이 된 에세이 『자기만의 방』을 출간하였습니다. '어째서 여성이 작가가 되기란 그토록 어려운가'를 규명한 이 책에서 그녀는 여성들에게 서두르거나 재치를 번뜩일 필요 없이 그저 온전한 자기 자신으로 살아가라고 조언했습니다.

이것은 21세기를 살아가는 현대 여성에게도 해당하는 조언입니다. 다만 오늘날에는 좀 더 복잡해졌습니다. 저는 현대사회에서 온전히 자기 자신으로 살아가고자 하는 여성은 자동차를 운전하는 능력, 글로 자신을 표현하는 능력, 건강에 대한 자신만의 기준을 세우는 능력, 경제적 자유를 만들어가는 능력을 가져야 한다고 생각합니다. 자기 명의로 된 차를 타고 원하는 시간에 원하는 곳으로 갈 수 있는 이동의 자유, 글이라는 수단을 통해 나의 삶과 가치를 드러낼 수 있는 표현의 자유, 세상의 기준이 아닌 내 몸과 마음에 맞는 건강을 추구할 자유와 함께 내 돈으로 내 삶을 설계해 스스로 세우는 경제적 자유를 찾아가야 합니다.

특히 마지막 경제적 자유에 대해서는 버지니아 울프도 무척 강조한 바 있습니다. 그녀는 여성이 픽션을 쓰기 위해서는 연 5백 파운드의 수입과 자기만의 방이 필요하다고 역설했습니다.

한 여성이 방으로 들어갑니다. (…) 고정된 수입이 사람의 기질을 엄청나게 변화시킨다는 사실은 참으로 놀라운 일입니다. 그러므로 내가 여러분에게 돈을 벌고 자기만의 방을 가지기를 권할 때, 나는 리얼리티에 직면하여 활기 넘치는 삶을 영위하라고 조언하는 겁니다. (…) 그녀는 여성으로서, 그러나 자신이 여성이라는 것을 잊어버린 여성으로서 글을 씁니다.

안정적인 수입이 없다는 사실은 사람을 위축시킵니다. 또 자기만의 방이 없어 거실과 응접실 등 공동 공간에서 사유와 창작 활동을 하다 보면 집중력을 저해하는 수많은 요소와 맞닥뜨리게 되지요. 그 시절 작가의 자질을 가지고 있고 그 외에도 수많은 성취를 이룰 수 있었던 여성들이 경제적 자유가 보장되지 않아 꿈을 포기해야 했습니다. 오늘날 우리 세대의 여성도 마찬가지입니다. 많은 여성이 결혼, 임신, 출산, 육아로 인해 경력 단절을 경험합니다. 과거 대비 많은 여성이 높은 수준의 교육을 받고 고임금 일자리를 얻을 수 있게 되었지만 본격적인 육아, 즉 돌봄의 시기에 들어가게 되면 경제활동이 멈추거나 축소되어 사실상 남성에게 경제적으로 종속되는 문제가 발생합니다. 여성이 돈을 벌더라

---

* 버지니아 울프 지음, 이미애 옮김, 『자기만의 방』, 민음사, 2016, 130~137쪽.

도 자신을 위해 쓰이는 것이 아니라 가족의 필요를 충당하는 데 소진되어버리기도 합니다.

다행인 점은 우리는 버지니아 울프가 살았던 것보다 더 나은 시대를 살고 있다는 사실입니다. 기혼 여성에게는 재산권조차 보장되지 않았던 과거와 달리, 지금은 여성의 재산권이라는 개념이 지극히 당연합니다. 또한 현대 여성은 경력이 단절되더라도 사회생활 경험과 문화 자본을 활용할 수 있고, 서로를 돕는 여성 레퍼런서를 찾아갈 수도 있습니다. 그리 긴 시간을 살아온 것은 아니지만 저는 사는 내내 유리천장과 남성과의 소득 격차에 맞서며 자신의 일과 삶을 지키고 경제적 자유를 찾아가는 여성을 꾸준히 발견할 수 있었습니다. 아이를 돌보면서도 자신의 소득을 만들어가는 여성, 멈추지 않고 공부하며 적은 소득으로도 투자 기회를 찾아가는 여성, 노후를 스스로 책임지기 위해 필요한 돈의 흐름을 만들어가는 여성 등을 말입니다. 그들의 이야기를 통해 저는 저만의 경제적 자유를 찾아가는 방법을 배우고 있습니다.

그러므로 우리 모두는 기꺼이 '21세기 버지니아 울프'가 되어야 합니다. 20세기 버지니아 울프를 통해, 우리는 고정된 수입이 얼마나 중요한지 잘 알게 되었습니다. 하지만 그녀가 우리 몫으로 남겨둔 과제가 있습니다. 자기만의 방의 중요성을 역설했지만 그것을 실질적으로 어떻게 마련해갈 수 있는지는 언급하지 않았지요. 이제부터 우리는 '내 돈'으로 진짜 '자기만의 방'을 마련하는 방법을 찾아가야 합니다.

자본주의 세계에서 부자가 되는 길은 많습니다. 다만 언론에서 보여주는 '대박 투자로 퇴사한 직장인'이나 '조기 은퇴한 아이 없는 맞벌이 부부' '유튜브 등 SNS 인플루언서'의 이야기는 저와는 좀 거리가 멀다는 생각이 들었습니다. 하지만 이 세계에는 저처럼 나름대로 열심히 공부했고 직장 생활도 적당히 해보았으며, 결혼과 출산을 선택한 여성도 자본주의 시스템에서 경제적 자유를 준비할 수 있는 방법이 있습니다. 그 방법을 찾기에 앞서 우선 자본주의가 무엇인지, 그 시스템 속에서 내 돈으로 내 삶을 산다는 것이 무슨 뜻인지 차근히 알아봅시다. 그리고 나에게 맞는 원칙과 나에게 필요한 방법이 무엇인지, 그래서 지금 당장 무엇부터 시작할 수 있는지 찾아봅시다.

저는 아직 부자가 아니지만 제가 꿈꾸는 경제적 자

유의 모습을 구체적으로 그려보며 그것을 이룰 수 있는 방법을 찾아나가고 있습니다. 이 책에서는 그중 인생에서 필요한 세 가지 종잣돈과 이를 위해 들여야 할 금융 습관에 대해 말씀드리려 합니다. 이 책을 읽은 뒤 여러분이 "그래, 고정된 수입과 나만의 공간이 중요하지!" 생각하는 데서 한 걸음 더 나아가 "고정된 수입의 유형을 분류하고 시스템화하는 법을 알고, 나만의 공간을 위해 필요한 최소한의 금융 상식과 투자 철학을 세워봐야지!" 하는 실천으로 구체화할 수 있도록 도와드리려 합니다.

이 책은 그런 의도로 집필한 '금융과 친해지는 가이드북'입니다. 앞서 말했듯 저는 부자가 아니고 금융 전문가도 아닙니다. 그렇기에 저처럼 평범한 여성이 목표를 찾고 자신에게 맞는 속도로 경제적 자유를 이루는 데 도움을 줄 수 있다고 생각합니다. 혹시 '너무 늦지 않았을까' '내게 경제적 자유를 성취할 자질이 있을까' 고민하고 있다면 이 책은 당신에게 꼭 맞는 책입니다.

목 차

1장.
지금부터 금융과
친해져도 괜찮아

내돈내삶의 자본주의자

나에게 소중한 것이 무엇인지 정확하게 알고 있다면
자본주의는 내 멋대로 살아가기에 가장 좋은 제도다.

우리가 살아가고 있는 자본주의란 무엇일까요? 사전적 의미는 "생산 수단을 자본으로서 소유한 자본가가 이윤 획득을 위하여 생산 활동을 하도록 보장하는 사회 경제 체제"입니다. 이러한 정의로 보면 '생산 수단으로서의 자본'과 '이윤을 남기는 생산 활동'이 중요한 요소로 여겨지는데요. 사실 정말 중요한 자본주의의 속성은 숨어 있습니다. 하나는 돈의 규모와 가치는 항상 변하며 유기적으로 연결되어 있다는 것이고, 다른 하나는 자본주의의 속성을 이해하면 누구나 그 돈을 쥘 자격을 얻을 수 있다는 것입니다. 이때 중요한 개념이 '빚'입

---

*   박혜윤 지음, 『숲속의 자본주의자』, 다산초당(다산북스), 2021, 7쪽.

니다. 우리가 흔히 말하는 '자산'이 내가 가진 돈인 자본과 남의 돈인 부채(빚)의 합임을 알아야 합니다. 빚으로 인해 돈의 크기는 우주처럼 끊임없이 팽창합니다. 돈의 크기가 커지면 돈의 가치는 달라집니다. 우리가 교과에서 배웠던 '인플레이션'의 의미는 물가 상승보다 '화폐가치 하락'에 가깝습니다. 오늘의 1만 원은 내일의 1만 원과 같지 않습니다. 이 사실은 우리에게 중요한 힌트가 됩니다. 바로 돈을 그냥 두거나 은행에 맡긴다면 사실상 내 돈의 가치를 낮추는 일이 된다는 것입니다.

자본주의 체계가 빚으로 팽창한다는 사실을 알았을 때, 대한민국에서 가장 좋다는 대기업에 다니면서도 3천만 원을 대출하는 것이 무서워 절대 빚지려 하지 않았던 사회 초년생 시절 제 모습이 떠올랐습니다. 왜 그동안 우리는 '빚은 무조건 나쁘고 무서운 것, 가급적 가까이 하지 말아야 할 것'이라고 알고 있었을까요? 생각해보면 자본주의 체계에서 부자가 된 이들은 전부 부채의 속성을 잘 이해하고 있었고 이를 이용할 줄 알았습니다. 대출을 받아 사업을 일으키거나 다른 이의 돈(가령 전세금)으로 부동산과 같은 자산을 만들어갔지요. (물론 무분별하게 빚지는 일은 경계해야 합니다.) 빚의 개념을 알고 돈의 흐름이 유기적으로 연결되어 있다는 것을 인지했다면 자본주의의 한 축을 이해하고 있는 것입니다.

자본주의에 산다는 건 파도가 몰아치는 바다 한가운데에 있는 것과 같습니다. 아무것도 하지 않고 가만있으면 어느새 바다 한가운데에 덩그러니 놓이게 되거나 위험에 처할 수도 있습니다. 이때 직장인들에게는 급여소득이라는 작은 튜브가 주어집니다. 그런데 어느 순간 나를 겨우 받쳐주던 이 작은 튜브마저 없어진다면 어떻게 될까요? 발이 닿지 않는 망망대해에서 우리는 어디로 헤엄쳐 가야 할까요?

다행스럽게도 이 세계에는 이미 자본주의자로 살고 있는 사람들이 있습니다. 자본주의 속성을 이해한 그들은 마치 곳곳에서 빛을 밝히는 등대와 같습니다. 그 빛을 발견한다면 누구든 스스로 발길질하고 헤엄쳐서 나아갈 수 있습니다. 비록 의지할 것이 작은 튜브뿐이라 해도요. 제가 생각하는 자본주의자의 조건은 '위험을 감내할 준비가 되었는가' '나에게 가장 소중한 것 하나만 남기기 위한 시스템을 구축하는 원리와 방법을 알고 있는가'입니다.

자본주의 체계에서 부자가 되는 사람은 두 가지 유형입니다. 첫째는 사업가고 둘째는 투자가입니다. 사업가는 대가를 받고 재화나 서비스를 만들어 제공합니다. 이 과정에서 노동자를 고용해 경제가 돌아가는 시스템을 만들지요. 노동자들은 사업가에게 고용되어 시간과 노동력을 제공하는 대가로 급여 소득을 얻습니다. 투자가는 사업가들이 더 큰 규모로 재화나 서비스를 제공할 수 있도록 자본을 투자하는 사람입니다. 사업가는 투자의 대가로 자신이 얻은 이익을 투자가와 나눕니다.

곰곰이 생각해봅시다. 지금 우리가 버는 돈이 진짜 '내 돈'일지를요. '나의 시간과 노동력을 들여서 얻은 돈'은 반대로 말하면 '시간을 들이지 않거나 노동력을 제공하지 않았더라면 내게 주어지지 않았을 돈'이 됩니다. 조건이 붙기 때문에 완전한 '내 돈'이라고는 말할 수 없습니다. 저는 21세기 버지니아 울프가 되고자 하는 우리에게는 내 시간과 노동력을 들이지 않아도 되는 정기적인 소득 시스템이 필요하다고 말하고 싶습니다. 그것이 진짜 '내 돈'이라고 생각합니다.

일찍이 버지니아 울프는 숙모님의 유산을 통해 연간 5백 파운드라는 소득 시스템을 확보한 바 있습니다. 하지만 이는 어디까지나 특수 케이스입니다. 자본주의에서 내 돈으로 내 삶을 산다는 것(이하 내돈내삶)은 여러 형태의 정기적인 소득 시스템을 구축하고 나에게 맞는 좋은 투자처를 찾아 꾸준히 투자하여 경제적 안정과 자유를 얻는 여정을 의미합니다. 누군가의 돈으로도 충분히 안정적이고 행복하게 살 수 있습니다. 하지만 내돈내삶은 분명 지금까지 한 번도 경험하지 못한 활기 넘치는 삶이 되리라 확신합니다. 이 여정은 10억, 100억과 같은 목표 금액에 도달하는 게임이 아닙니다. 인생에서 필요한 돈의 유형과 크기를 스스로 결정하고 지금 당장 시작할 수 있는 금융 선택을 행하는 것입니다.

내돈내삶의 여정을 떠나기 전 세 가지 질문을 드리고자 합니다.

1. 주기적으로 나의 소득 흐름을 파악하고 있는가? 그 소득의 합은 증가하고 있는가?
2. 인생에 필요한 목적별 종잣돈을 구분해두었는가? 종잣돈별 비율을 정해두었는가?
3. 경제적 자유의 구체적인 형태를 그려보았는가? 도달할 수 있는 예상 시기를 측정했는가?

머뭇거리게 되거나 답이 전혀 생각나지 않아도 괜찮습니다. 다만 이제부터는 그 누구의 돈도 아닌 '내 돈'으로 살기 위해 노동력을 상실해도 흔들릴 걱정 없는 소득 시스템을 찾아보았으면 합니다. 그리고 그 소득을 목적별로 구분하여 주거 종잣돈, 생활 종잣돈, 취향 종잣돈으로 관리했으면 합니다. 또 우리가 원하는 삶의 지향점과 가치관이 충분히 반영된 경제적 자유의 형태를 매우 구체적으로 그려보고 마음에 새겼으면 합니다. 이렇게 말씀드리는 저는 오늘도 그 길을 걸어가고 있습니다. 내 이름으로 된 자산을 가진다는 것, 내가 만들어둔 시스템으로 소득이 생긴다는 것, 느리지만 천천히 경제적 자유에 도달하고 있음을 느끼는 것이 무엇인지 저는 잘 알고 있습니다. 어쩌면 진짜 내 멋대로 살아가기 좋은 자본주의라는 체제에서 '내돈내삶'이란 방식으로 작은 빛을 내기 시작한 제가 여러분에게 등대처럼 하나의 이정표가 되어드릴 수 있어 다행입니다.

어린이의 마음으로 시작하는
금융 공부의 세계

어린이를 만드는 건 어린이 자신이다. 그리고 '자신' 안에는
즐거운 추억과 성취뿐 아니라 상처와 흉터도 들어간다.*

요즘 어떤 단어에 '어린이'를 붙인 말이 '초보' '비기너'를 가리키는 말로 쓰이고 있습니다. 초보 주식 투자자는 '주린이', 부동산 투자를 처음 접한 사람은 '부린이', 코인 투자를 처음 시도하면 '코린이'라고 부르지요. 이는 어린이를 '능력치가 조금 부족한 사람'으로 낮잡아 보는 말이기에 사용해서는 안 되는 표현입니다. 하지만 저는 우리가 금융 공부를 시작할 때 어린이로부터 좋은 덕목들을 배울 수 있다고 생각하는데요. 도서 『어린이라는 세계』에 이런 말이 나옵니다.

---

*   김소영 지음, 『어린이라는 세계』, 사계절, 2020, 91쪽.

어린이는 허세를 부리면서도 자신의 능력을 조금도 의심하지 않는다. 새로 배운 어려운 말을 꼭 써보고 싶어 하는 것도 전형적인 허세 중 하나다. 호언장담으로 허세를 부리는 어린이도 있다. 어린이의 부풀리기는 하나의 선언이다. '여기까지 자라겠다'라고 하는 선언.*

어린이는 자신의 능력을 조금도 의심하지 않습니다. 이는 투자의 세계에서 가장 중요한 자세입니다. 투자의 기본을 익히고 실전에 들어갈 때는 어린이의 것과 같은 허세가 조금은 필요하기 때문입니다. 저는 금융 전문가는 아니지만 투자할 때는 저의 관점과 공부한 내용을 믿고 실행합니다. 더 많은 사람이 금융을 마주했을 때 자신의 능력을 의심하거나 실패를 두려워하지 말고 어린이처럼 금융 공부를 꾸준히 해나갔으면 좋겠습니다. 때로는 실수하기도 하겠지만 솔직히 인정하고 계속 나아가길 바랍니다. 그러다 보면 자기도 모르는 사이에 투자의 세계에서 멋진 모습으로 성장해 있을 테니까요.

그렇다면 우선 '금융'에 대해 알아봅시다. 표준국어

---

*   김소영 지음, 앞의 책, 24쪽.

대사전은 금융을 '금전을 융통하는 일', 즉 '돈의 흐름'이라고 정의하고 있는데요. 여러분은 금융의 뜻을 제대로 알고 계신가요? 지금까지 금융은 나와 먼 일이라 생각하고 계셨다 해도 전혀 이상한 일이 아닙니다. 우리는 성인이 될 때까지 제대로 금융 교육을 받아본 경험이 거의 없으니까요. 초등학생 때 배운 용돈기입장 쓰기와 사회생활을 시작하고 보험설계사에게 좁은 차원의 금융을 배운 것이 전부라 해도 무방합니다.

저 역시 사회생활을 시작할 때까지 제대로 된 금융 교육을 받아본 경험이 없었습니다. 월급을 관리하는 차원에서 보험 비율을 높여 몇 개의 상품에 가입하고는 재무관리를 하고 있다고 착각했죠. 그렇게 금융지식이 전무한 상태에서 주택을 구매하는 등 큰 지출을 마주하면서 당황스러운 감정을 느끼게 됐습니다. 금융에 밝은 부모님이 계신 게 아니라면, 저뿐만 아니라 대부분 이런 경험을 했을 겁니다. IMF 외환 위기와 미국발 금융 위기, 코로나19 경제 위기를 겪으며 이제 우리는 금융에 대해 알고 싶지 않아도 알아야 하는 상황에 놓이게 되었습니다. 이런 상황 속에서, 우리는 금융에 대해 얼마나 제대로 이해하고 있을까요?

한국은행과 금융감독원이 발표한 〈2020 전 국민 금융이해력 조사〉에 따르면 국민의 금융이해력 점수는 OECD 국가 평균 수준으로 지난 2018년 조사에서보다 높아졌다고 합니다. 여기서 금융이해력 점수란 의사결정을 위한 기본적인 '금융지식', 재무 계획 등을 세우는 '금융행위'의 정도, 소비나 저축 등 현재와 미래에 대한 '금융태도'를 측정해 계량화한 것인데요. 금융이해력이 높을수록 금융 위기에 대처하는 능력이 좋다고 합니다. 예를 들어 예상치 못한 지출이 발생하거나 갑작스럽게 소득을 상실하는 경우에도 상대적으로 양호하게 대응할 수 있다는 뜻입니다.

금융지식: 합리적인 금융 생활을 위해 갖추어야 할 지식

금융행위: 건전한 금융·경제 생활을 영위하기 위한 행동 양식

금융태도: 현재보다 미래를 대비하기 위한 의식구조

이번 조사에서 눈여겨볼 점은 20대와 30대에서 미래를 대비하는 영역의 금융태도 점수가 낮았다는 것이었

습니다. 저축보다 소비를, 미래보다 현재의 행복을 선호하고, 돈은 쓰기 위해 존재하는 것이라고 생각하는 금융태도가 다른 세대에 비해 두드러졌습니다. 또한 저축하더라도 장기적인 재무 목표와 이어지지 않아, 미래를 대비할 수 있다고 믿는 비율이 낮았습니다. 저는 이삼십 대가 장년과 노년층에 비해 금융 상품에 대한 기본적인 지식과 실제 금융행위의 빈도는 높지만, 부동산과 같은 자산의 가치가 커진 만큼 노동 소득이 커지지 않아 구매력을 잃었다고 여긴다는 걸 느낄 수 있었습니다. 그러다 보니 노후의 삶에 대해 낙관적이지 않고 월급으로 미래를 대비하는 실질적 금융 교육과 연습이 제대로 이뤄지지 않고 있다는 생각이 들었습니다.

　이러한 상황을 벗어나기 위해선 자본주의에서의 자산과 소득, 지출, 투자의 개념을 알고 이들의 상관관계를 이해해야 합니다. 앞서도 언급했듯, 노동 소득을 기반으로 미래를 계획하기에는 자산의 가치가 너무나 많이 올랐기 때문입니다. 하지만 시간은 그 어떤 자산보다 힘이 셉니다. 이삼십 대는 시간이라는 자산을 바탕으로 훨씬 더 많은 투자 기회를 다양한 방법으로 만날 수 있고, 지식을 배울 계기도 많습니다. 저는 이것이 부를 이해하고 돈을 다루는 자질을 갖추는 과정이라 생각합니다. 2장에서는 이를 위해 알아두어야 할 개념과 함께 내돈내삶을 살 수 있는 금융 에너지를 기르는 세 가지 방법에 대해 알려드리고자 합니다.

그렇게 기른 금융 에너지의 결과물로서 인생에서 필요한 종잣돈의 유형과 이를 마련하는 방법에 대해 배워야 합니다. 처음에는 노동 소득인 월급을 기반으로 종잣돈을 마련하는 법을 이해해야 합니다. 그리고 인생 전반에 걸쳐 필요한 종잣돈을 분류하고 적합한 투자 방식을 선택해야 하고요. 이 책의 3장에서는 크게 주거 종잣돈, 생활 종잣돈, 취향 종잣돈으로 나누어 세 가지 종잣돈에 대한 이야기를 들려드릴 것입니다.

이제 자신의 금융 능력을 의심하지 말고 근거 있는 허세를 부려봅시다. 여러분에게는 당장의 풍요에 만족하지 않고 좀 더 넓은 차원에서 금융이란 녀석을 배워나가겠다는 의지만 있으면 됩니다. 4장에서는 지금 바로 시작해볼 수 있는 금융 공부법도 알려드리겠습니다. 혼자 할 수 있는 공부 습관부터 함께하는 공부 습관까지 말씀드릴 테니, 여러분은 이제부터 돈의 주인이 되겠다고 선언하시기를 바랍니다.

세 번의 금융 위기로부터

우리는 추악한 시대를 살면서도 매일 아름다움을 발견해내던 그 삶을 살았으니까. 엉망으로 실패하고 바닥까지 지쳐도 끝내는 계속해냈던 사람이 등을 밀어주었으니까.*

채 40년도 살지 않았지만, 굵직한 금융 위기를 세 차례나 경험했습니다. 많이 들어보셨을 'IMF 외환 위기' '미국발 금융 위기' '코로나19 경제 위기'가 바로 그것입니다. 이러한 경제 위기가 각각 저의 10대, 20대, 30대에 한 차례씩 찾아왔다는 것을 보면, 아마도 큰 금융 위기는 10년에 한 번꼴로 닥쳐오는 게 아닌가 싶습니다.

1997년 당시 중학교 진학을 앞두고 있던 저에게 IMF 외환 위기는 학교에서 금을 모으고, 살던 집에 압류 스티커가 붙고, 물려받은 교복으로 학교를 다니는 일로 다

---

* 정세랑 지음, 『시선으로부터』, 문학동네, 2020, 331쪽.

가왔습니다. 영화 〈국가부도의 날〉에 나오는 것과 같은 여의도의 다급한 상황은 알 수 없었지만, 저희 아버지를 비롯해 많은 가장이 경제적, 심적 고통을 온몸으로 느끼던 때였습니다. 어린 저에게도 가장 놀라웠던 IMF 외환 위기의 장면은 은행이 망하는 것이었습니다. 가장 안전한 곳이라고 생각하여 재산을 맡겼던 사람들의 믿음은 배신감이 되어 삶에 고통을 안겨주었습니다. 정부와 금융기관의 실패가 대한민국 가정을 송두리째 흔들어놓았고, 우리 집을 비롯해 위기에 대응하지 못했던 집들은 가난과 가족해체라는 아픔을 겪어야 했습니다.

그 시절 제가 느낀 가난이란 잃어버린 나만의 공간과 바빠진 삶, 사라진 내 시간이었습니다. 아버지 사업 자금을 마련하기 위해 은행 대출을 받았던 우리 집은 이자를 감당하지 못했고, 결국 가압류 빨간딱지가 집안 살림살이 곳곳에 붙었습니다. 겨우 보증금 5백만 원을 마련하여 단칸방으로 이사 간 우리 가족은 다섯 식구가 한방에서 잠을 자고, 다른 방 사람들과 화장실을 함께 써야 했습니다. 누군가와 공유하는 공간에서는 내 욕망을 충족할 수 없을 뿐 아니라 내가 소망하는 내 모습을 만들어내기도 어렵다는 것을 실감했습니다. 내 공간이 사라졌다는 분노는 안정적인 주거에 대한 욕망으로 자리 잡았습니다. 잃어버린 내 공간을 되찾기 위해서는 '나의 자리가 어디인가'를 인식하고 동시에 '내 삶에서 지켜야 할 내 자리는 어디인가'를 알아야 했습니다.

한편 단칸방을 벗어나기 위해 우리 가족은 모두 바쁘게 지내야 했습니다. 부모님은 생활비를 벌기 위해 무슨 일이든 다 하셨고, 그러는 동안 저는 부모님을 대신해 저 자신은 물론 집안과 동생까지 돌봐야 했습니다. 엄마가 준비해둔 반찬을 직접 도시락에 담아 학교에 갔고, 그마저도 컵라면으로 대체하는 일이 빈번했습니다. 또 K-장녀의 숙명으로, 여동생의 학교생활을 파악하고, 열 살 어린 남동생을 어린이집에서 하원시켜야 했습니다. 가끔은 전단지 아르바이트를 하며 소소한 금액이나마 용돈도 벌었습니다. 이처럼 저의 중학생 시절은 스스로의 진로나 장래를 고민하기보다는 타인을 돌보며 보내는 시간이 길었습니다. 가난은 단지 돈이 없는 것에서 그치지 않고 불안한 시간을 쌓이게 해 정서적 가난까지 가져온다는 것을 배웠습니다.

어렵게 IMF 외환 위기의 그늘에서 조금씩 벗어나는 동안 저는 성인이 되었습니다. 그동안 가정형편이 어렵다는 증빙서를 제출하여 힘겹게 대학까지 다닐 수 있었습니다. 대학을 졸업하고 구직 활동을 하던 2008년 어느 날 미국의 '리먼 브라더스'라는 금융회사가 망했다는 소식이 들려왔습니다. 세계 4위 투자은행(investment bank, IB)이었던 리먼 브라더스의 파산은 최대 규모의 파산으로 기네스북에 등재될 정도였습니다. 비우량 주택담보대출(서브프라임 모기지) 부실을 시작으로 부풀어 오르던 버블은 마침내 터져 미국을 넘어 유럽과 아시아까지 위기에 빠뜨렸습니다. 생전 처음 들어보는 미국의 금융회사가 나와 무슨 상관있겠나 싶었지만 착각이었습니다. 세계의 금융이 흔들리면서 글로벌 기업을 비롯해 국내 기업도 타격을 받게 되었던 것입니다. 그렇게 가뜩이나 힘든 채용 시장의 문은 미국발 금융 위기로 더 좁아졌습니다. 실제로 2008년 12월 연간 고용 동향을 보면 고용률은 전년 대비 줄고 실업률, 특히 청년 실업률은 소폭 상승했습니다.

조마조마하며 최종 면접 합격 소식을 기다리던 시간이 지금도 생생합니다. 입사한 회사의 선배들은 저를 보며 한결같이 '막차를 탄 신입'이라고 말했습니다. 그렇게 첫 사회생활을 시작했습니다. 이후에도 금융 위기보도는 오래도록 계속되었지만, 난생처음 제대로 된 돈을 벌 수 있다는 행복감에 두렵지 않았습니다. 정기적인 수입이 있다는 것은 앞으로의 시간을 예측하고 준비할 수 있다는 의미도 되었습니다. 그동안에도 아르바이트를 했지만 그렇게 번 돈은 어떻게 쓸지에 초점을 맞추고 운용했습니다. 이제는 거기서 나아가 받은 급여를 어떻게 모을지 고민할 수 있었습니다. 처음으로 저에게 있어 돈이 위기를 예방하는 도구로서 역할하기 시작한 것입니다.

정기적인 급여 생활자가 되니 신용도 생겼습니다. 회사에 소속되어 있다는 사실로 노동력이 증빙되자 신용카드를 만들 수 있었고 은행에선 대출을 해주었습니다. 그때는 그게 얼마나 큰 혜택인지 알지 못했습니다. 내가 버는 돈보다 더 많은 돈을 미리 빌릴 수 있는 신용은 투자에 있어 '레버리지'라는 기회가 된다는 것을 말이죠.

세월이 흘러 결혼을 하고 아이를 낳으며 삶의 궤적을 그려나가던 중 2019년 말 발생한 코로나19 바이러스로 전 세계 금융시장은 그야말로 난리가 났습니다. 뉴스 속 경제 전문가들이 하나같이 세계 대공황 수준의 위기를 말했지만, 실제로 제가 코로나19로 인한 위기를 뼈저리게 실감한 순간은 회사 게시판에 '희망퇴직'이란 단어가 올라왔을 때였습니다. 저는 이전에도 이직이 잦았지만 이번에는 달랐습니다. 그전까지는 대부분 제 의지로 결정했지만, 이번에는 회사의 눈치를 봐야 했으니까요. 결국 저는 희망퇴직을 하게 되었습니다. 퇴사 후 실업인정 신청을 하기 위해 방문한 고용복지센터는 실업자로 가득했습니다.

비자발적으로 노동력 혹은 노동 기회를 잃는 것은 저에게 정기적인 소득이 사라진다는 의미로 다가왔습니다. 언젠가 회사에 나가지 못하는 순간이 올 것이라 생각하긴 했지만, 막상 노동력을 가지고서도 돈을 벌지 못하는 상황에 놓이게 되니 예상보다 훨씬 큰 무력감을 느꼈습니다. 또 노동 소득을 상실한 상황에서도 생활비로 쓸 돈을 확보해야 한다는 필요성이 절실하게 와닿았습니다. 먼저 소비 습관을 바로잡았습니다. 처음으로 신용카드를 모두 잘라버리기로 결단했습니다. 그동안에도 과소비하지는 않았지만 당연하게 들어오는 급여가 있기에 소비에 대한 두려움이 없었습니다. 하지만 이제는 실직자가 되어 발등에 불이 떨어졌고, 불필요한 지출을 막기 위한 극단적인 노력이 필요했습니다.

신용카드 대신 체크카드를 사용하다 보니 미래의 소득을 예상해서 소비하는 일, 즉 할부를 하지 않게 되었습니다. '소비하기 위해 모은다'는 습관이 잡히니 조금씩 지출 규모가 줄어드는 것을 느낄 수 있었습니다. 또 현재 가지고 있는 돈 안에서만 사용하니 다음 달 카드 대금을 걱정하지 않아도 되어 안도감까지 생겼습니다.

한편 실업급여가 나오는 8개월 동안 저는 투자 소득과 재능소득을 늘리는 방법을 보다 적극적으로 실험하기로 했습니다. 2020년 8월 주식 투자를 시작하며 '볼리의 로켓주식'이라는 커뮤니티를 열었습니다. 매일 경제 기사와 증권사 리포트를 공유하며 기업 가치를 읽어가는 연습을 했고, 저 같은 주식 초보를 위해 미니 세미나를 열어 제가 알고 있는 지식을 나누기도 했습니다. 그 과정에서 소소한 재능소득을 얻기도 했지요. 좋은 투자처를 찾아 공부하고 실행하며 서서히 내 자산의 크기를 키워나간다는 게 무엇인지 느낄 수 있었습니다. 이외에도 '노션(Notion)이라는 툴을 활용하여 포트폴리오 만드는 법' 등을 강연하고 북클럽을 운영하기도 하며 재능소득을 얻기 위한 사이드 프로젝트 실험을 이어나갔습니다.

'몸은 당신이 해온 일의 합이다'라는 말이 있습니다. 저는 재무 위기가 찾아왔을 때 이를 극복해나간 금융 경험이 그 사람의 자산의 합이라고 생각합니다. 저는 IMF 외환 위기로부터 시간과 공간의 자유를 얻기 위해 필요한 돈을 벌고 지킬 수 있는 금융지식이 필요하단 것을, 미국발 금융 위기로부터 정기적인 수입을 계획하여 자산을 불리는 투자 철학이 필요하단 것을, 코로나19 경제 위기로부터 소비 습관을 변화시키고 노동 소득에서 벗어나 자본소득과 재능소득을 찾아가는 연습을 해야 한다는 것을 배웠습니다. 이렇게 쌓인 금융 경험은 저에게 안락한 보금자리와 오래 일하지 않아도 되는 시간적 자유, 돈을 가질 자격과 다룰 능력이 있음을 확신하게 해주었습니다. 이러한 자산들이 저를 제가 그리는 경제적 자유에 도달하게 해주리라 생각합니다.

금융 위기는 분명 또다시 올 것입니다. 하지만 저는 이제 위기를 대비하고 스스로를 곤경에 빠뜨리지 않을 자신이 있습니다. 그리고 그 위기를 다시 기회로 만들 실력도 꾸준히 쌓아가고 있습니다. 그것이 진짜 제 자산이니까요.

여성은 어떻게 금융에서 소외되었는가

여성은 남성보다 약 30% 정도의 임금을 적게 받는다.
남성이 여성보다 고임금의 분야에 종사하기 때문이다.
하지만 이는 격차의 20% 정도밖에 설명하지 못한다.
나머지는 여성의 경력단절 때문이다.*

"아빠랑 헤어져도 잘 살 수 있을까?"

어릴 적 엄마가 제게 이혼에 대해 물었던 적이 있습니다. 엄마는 당시 여성의 대학 진학률이 약 20%밖에 되지 않았던 가운데서도 80학번으로 대학을 졸업했습니다. 하지만 26살에 결혼하여 약 10년간 임신과 출산, 삼남매 육아를 경험하며 사회생활을 하지 못했던 엄마에게는 자신의 돈을 가져본 경험이 없었습니다. 아빠는 돈을 많이 버는 전문직이었지만 자주 감정적이었고 때론 폭력적이었습니다. 하지만 부모의 돈으로 살아온 삶

---

* 2016년 오하이오 대학 브루스 웨인버그(Bruce Weinberg)의 연구 결과.

에서 남편의 돈으로 살아가야 하는 삶을 이어받은 여성에게 이혼은 쉽게 선택할 수 없는 결정이었습니다. 물론 자녀가 있는 만큼 육아와 양육 환경에 대한 고민도 컸겠지만 '스스로 돈을 벌고 이를 관리해야 하는 상황'에 노출되는 게 더 두려웠을지도 모릅니다.

당시 아이가 있는 기혼 여성이 찾을 수 있는 일자리는 대부분 소득이 터무니없이 적거나 고용 형태가 불안정했고, 업종과 유형마저 제한적이었습니다. 10년간 세 사람을 키워낸 능력은 사회에서 경력으로 인정되지 않았습니다. 결국 엄마는 이혼 결심을 포기했습니다. 아빠와의 관계문제가 해결되어서가 아니라 도무지 지금의 상황을 더 나아지게 할 방법이 그려지지 않았기 때문이었을 겁니다.

그동안에는 노동력을 기반으로 정기적으로 출퇴근하여 얻는 근로 소득이 부를 늘리기 위한 가장 큰 기반으로 여겨졌습니다. 우리 부모님 세대(1950년대생)에서는 교육 기회가 적어 대학을 나오지 못하는 여성의 비율이 압도적으로 높았습니다. 이로 인해 여성은 자연히 양질의 일자리로부터 멀어졌습니다. 직업을 얻었다 해도 결혼과 출산을 겪으면 그마저도 내려놓아야 하는 경우가 대부분이었습니다. 그 결과 자연히 여성에게는 정기적인 소득이 사라졌습니다. 제가 좋아하는 하재영 작가의 에세이 『친애하는 나의 집에게』에서도 그 사실을 확인할 수 있습니다.

집은 우리에게 같은 장소가 아니었다. 누군가에게 집이 쉼터이기 위해 다른 누군가에게 집은 일터가 되었다. 보수도, 출퇴근도, 휴일도 없이 매일 똑같은 일을 반복하는 가사 노동의 현장. 엄마는 운전을 배우고 싶어 했고 같은 지역에 사는 친언니를 만나러 가고 싶어 했지만 할아버지 할머니는 웬만해선 며느리의 외출을 허락하지 않았다. '집처럼 편하다'는 관용구대로 일과가 끝난 뒤 돌아가는 휴식의 공간을 집이라 한다면 엄마에게 집은 집이 아니었다. 그러나 다른 가족에게 집이 집이기 위해 엄마는 집을 비워선 안 되었다.

자기만의 공간과 시간이 있었다면 엄마는 가족 관계에서의 호칭이 아닌 자신의 이름으로 불릴 수 있었을 것이다. 집, 내가 가진 자리를 엄마도 가질

---

* 하재영 지음, 『친애하는 나의 집에게』, 라이프앤페이지, 2020, 26쪽.

수 있었을 것이다. 그러나 누군가가 승진과 출세, 성공과 사회적 지위를 생각할 때 다른 누군가는 식사와 설거지, 청소와 빨래를 고민한다. 누군가가 바깥에서 '중요하고 대단한' 성취를 이루는 동안 다른 누군가는 집 안에서 '하찮은 사소한' 일을 감당한다. 전자는 후자에게 빚진다. 후자는 전자에게 기여한다. 그러나 나는, 우리는 자주 그 사실을 잊어버린다. 가족 각자가 이룬 것은 엄마가 이룬 것이기도 하다는 사실을 내가 기억해내는 것은, 엄마가 쓸쓸한 얼굴로 이렇게 말할 때뿐이었다.

"나는 평생 이룬 게 하나도 없구나."

통신 기술이 발달하기 전에는 직장 생활을 하는 것이 한 산업에 대한 장기적인 관점을 가질 수 있는 거의 유일한 방법이었습니다. 그렇기 때문에 직장인이 가사만 하는 사람보다 상대적으로 더 넓은 시야에서 변화를 느끼고, 직장이라는 작은 사회에서 교류하며 많은 정보를 얻게 되었으리라 생각합니다.

이는 비단 우리 엄마 세대만의 이야기가 아닙니다. 과정만 조금 다를 뿐, 우리 세대에서도 결국 같은 결과로

---

* 위의 책, 143쪽.

다가오는 것을 장류진 작가의 단편집 『일의 기쁨과 슬픔』에서도 읽을 수 있습니다.

나는 구재와 내가 외치는 숫자의 앞자리가 다르다는 사실을 깨달았다. 천만 원, 정확히 천삼십만 원 차이였다. 나보다 세전 기준 천삼십만 원을 더 받는 구재는 당연히, 모아놓은 돈도 나보다 훨씬 많았다. 구재 역시 당황한 눈치였다. 생각보다 큰 차이가 나자 자기도 민망했는지 이렇게 말했었다.

"네가 이 년 동안 백오피스에 있어서 그랬나 봐."

그래 그게 맞는다고 치자. 그러면 나는 왜 이 년 동안 거기에 있었을까. 이력서에 빼곡했던 내 모든 경력이 전략기획팀으로 가고 싶다고 말하고 있었는데. 내가 일을 못해서 그랬나. 그런데 시켜보지도 않고 어떻게 알까. 무엇보다 지금은 같은 부서에서 같은 일을 하고 있는데 왜 연봉 차이가 이렇게 많이 나야 할까. 구재가 일을 잘해서? 대체 얼마나 잘하길래? 딱 천삼십만 원어치만큼?**

부모님 세대를 지나 우리 세대(1980년대생)에는 여성의 대학 진학률과 양질의 직장 취업률이 부모님 세대

** 장류진 지음, 『일의 기쁨과 슬픔』, 창비, 2019, 27쪽.

보다 좋아졌습니다. 많은 여성이 남성과 동등한 수준의 교육을 받을 수 있고 정기적인 소득이 주는 안정감을 느낄 수 있습니다. 하지만 여전히 임금 격차가 존재하고, 임신과 출산을 선택하면 밀려나고 마는 것이 현실입니다. 이는 오로지 근속 연수나 연차 등 '근로시간' 중심으로 노동 소득을 계산하는 기준에서는 여성이 현저하게 불리하기 때문입니다. 저 역시 출산 후 아이를 돌봐줄 사람이 없어 결국 아이를 등하원시킬 수 있도록 주 30시간만 일하는 회사를 찾아 근무했습니다. 조금씩 바뀌고 있다고는 하지만 여전히 여성이 양질의 일자리와 안정적 근로 소득을 유지하기가 힘든 현실입니다.

이러한 배경으로, 그동안 여성에게 금융이란 '생활비'라는 명목으로 주어진 돈을 합리적으로 관리하는 것, 소비를 줄이고 저축을 늘리는 차원이었을 경우가 대부분일 겁니다. 아무리 가사, 육아 등 충분한 노동을 한다 해도 결국 배우자가 벌어오는 돈으로 살아가다 보니 투자의 위험까지는 감수할 수 없었을 것입니다. 그런 환경에 자주, 오래 노출되다 보면 스스로 만들어가는 좋은 금융 경험을 하기는커녕 금융에 대한 관심조차 가지기 어렵습니다.

한편 여성은 소득을 벌고 불리는 금융 활동의 주체가 되지 못했지만, IMF 금융 위기와 같은 경제 위기를 맞는 시기에는 쉽게 피해자가 되었습니다. 고정적 수입이 끊기거나 쌓아둔 가계의 재정이 무너지면 주어지는 돈을 소비하고 저축하는 행위를 중심으로 금융을 경험했던 여성에게는 그 위기를 견디고 벗어날 해법이 떠오를 리 만무합니다. 그렇게 막막한 상황을 겪으며 생겨난 금융에 대한 막연한 불안감과 위험에 대한 강렬한 거부감은 여성을 위축시켰을 겁니다. 개인에게 새겨진 금융 신념을 '머니스크립트'라고 하는데요. 이렇게 내 돈이 없이 금융 위기를 겪은 여성은 사업과 투자는 위험한 것이라고 인식해버릴 가능성이 큽니다. 그 결과 자본주의에서 부자가 될 수 있는 두 유형의 사람인 사업가와 투자가에 대해서도 부정적인 머니스크립트를 갖게 됩니다.

도서 『머니스크립트』에 따르면, 자녀는 자연스럽게 부모의 머니스크립트를 습득하고 이후 사회 활동에서의 재정 경험에 따라 긍정과 부정의 금융 신념을 강화해간다고 합니다. 결국 부모의 머니스크립트, 특히 대체로 주양육자가 되었던 엄마가 가진 머니스크립트가 아이에게 전해져 평생의 머니스크립트를 만들어가는 기반을 형성하게 되는 것이죠. 저는 특히 유년기 경험하는 부정 머니스크립트의 유전이 여성이 금융에서 소외될 확률을 높였다고 생각했습니다. 저 역시 어린 시절 겪은 금융 위기와 부모님께 물려받은 머니스크립트의 영향으로 여성에겐 반드시 '내 돈'이 있어야 한다는 긍정 머니스크립트와 사업과 대출은 금융 경험이 적은 여성에게 위험하다는 부정 머니스크립트가 생겼습니다. 이는 남들보다 빨리 경제활동을 시작하게 하는 동기가 되기도 했지만 '투자'는 위험하다고 생각하며 스스로 금융과는 거리를 두는 경향도 생겼습니다.

시간이 흘러 저 역시 엄마처럼 결혼과 임신, 육아로 이어지는 일련의 과정을 겪으면서 주양육자를 선택해야 할 순간을 만나게 되었습니다. 돌이 지난 아이를 누가 어린이집에 등하원시켜줄 것인가를 두고 남편과 상의했습니다. 처음에는 '누구의 근로 소득이 더 높은가'에 대한 비교로 시작했습니다. 돌봄으로 인해 소득 공백이 발생한다면 아무래도 덜 버는 사람 쪽이 포기하는 것이 낫겠다는 판단에서였습니다. 하지만 여성의 사회 활동과 소득에 대한 수많은 연구 결과와 문학작품들에서 보아왔듯 애초에 이 질문은 대개 남성에 비해 저임금 노동자인 여성이 스스로 일할 의사와 기회를 포기하는 결과만 낳을 뿐이었습니다.

저는 남편에게 앞으로의 제 금융 계획을 말했습니다. 내가 하는 일을 아끼고 사랑하지만 회사라는 조직에 속해서 받는 급여가 내 생활에 차지하는 비중은 점점 줄여가고 싶다고 말이죠. 지금은 아이를 돌보지만, 앞으로는 그 시간에 내가 가진 재능으로 소득을 만들고, 투자 공부를 해서 자본소득을 만들어가겠다고 다짐했습니다. 그리하여 저는 원격 근무가 가능하고 시간제로 일할 수 있는 직장을 찾아 업무에 적응하기로 했고, 그동안 남편은 1년간 육아휴직을 신청하여 돌봄의 주체가 되기로 했습니다.

처음 시간제 근무를 하면서 줄어든 근무 시간만큼 낮아진 연봉에 스스로 위축되기도 했습니다. 그래서 저는 제가 아이를 돌보는 시간의 가치도 돈으로 환산하여 측정하기로 결심했습니다. 알아보니 아이를 등하원시키는 것을 주 업무로 하며 하루 약 다섯 시간 일하는 일명 '등하원 도우미'가 기본 돌봄 노동으로 받는 급여는 약 130만 원이었습니다. 여기에 학습지도까지 포함하면 급여는 2백만 원으로, 연봉으로 환산하니 2400만 원가량이 되었습니다. 저는 아이를 돌볼 뿐 아니라 교육까지 하고 있으니, 그만큼을 더하여 계산해보았습니다. 그러니 남편의 연봉과 제 연봉은 큰 차이가 없었습니다. 저는 제가 시간제 근무로 받는 연봉에 보이지 않는 돌봄 비용을 더함으로써 스스로의 가치를 세워준 것입니다.

일찍이 버지니아 울프는 말했습니다.

석탄 인부가 되는 것과 아이 보는 여자가 되는 것 중 어떤 것이 더 나을까요? 여덟 명의 아이를 길러낸 유모는 10만 파운드를 버는 변호사보다 세상에 더 가치 없는 인물일까요? 그런 질문을 던지는 것은 무익할 겁니다. 아무도 대답할 수 없을 테니까요.*

저는 이 글을 읽는 여성들이 절대 자신의 노동을 값어치 없는 것으로 여기지 않았으면 좋겠습니다. 가사를 할지라도 자신의 노동 시간을 정확히 계산하고 그에 상

---

* 버지니아 울프 지음, 앞의 책, 66쪽.

응하는 가치를 확인해보셨으면 합니다.

줄어든 출퇴근 시간과 노동 시간의 틈에서 저는 본격적으로 주식 투자를 공부하기 시작했습니다. 먼저 '주식 투자 무조건 시작 모임'을 찾아 들어갔습니다. 증권사 계좌를 개설해 예수금 1백만 원을 넣고 주식 투자 기본서를 찾아 읽기 시작했습니다. 몇 번 거래를 연습하고 나니 내가 주로 투자하고 싶어 하는 분야는 무엇인지, 나는 얼마큼의 손해를 견딜 수 있는 사람인지, 수익금과 배당금 중 어떤 측면에 중점을 두고 투자하고 싶은지 등을 스스로 파악할 수 있었습니다.

시간이 지나 저만의 주식 투자 철학과 방향성, 현재 투자하기 좋은 종목에 대한 가설이 세워진 어느 날, 저는 남편에게 저의 투자 계획에 대해 보다 상세하게 이야기하였습니다. 이후 우리는 적금을 해약하고 그 돈으로 함께 공부한 주식 종목에 투자하기 시작했습니다. 적은 돈으로 시작한 투자의 성공 경험이 쌓여 우리 가족의 자산도 투자할 수 있을 만큼의 자신이 생긴 것입니다.

앞서도 말씀드렸듯이 여전히 여성은 남성보다 근로소득이 적고 커리어 중단을 결심하게 하는 이유가 많습니다. 하지만 30년 전 나의 엄마 시대보다 나아진 점이 있다면 '내 손 안의 금융 생활' 시대가 도래했다는 것입니다. 스마트폰으로 금융 정보를 쉽게 접할 수 있는 것은 물론 실시간으로 투자할 수 있어 금융을 실험하고 긍정적인 경험을 얻을 기회가 늘었습니다. 뿐만 아니라 자신의 재능을 콘텐츠화하거나 유통 플랫폼 시스템을 통해 근로 소득 외 다양한 소득을 얻을 수 있게 되었습니다. 우리 마음만 열려 있다면, 금융은 여성에게 다가올 준비가 되어 있습니다. 지금부터라도 금융에 관심을 갖고 꾸준히 공부하여 긍정 머니스크립트를 만들고 더 나은 재무 의사결정을 하는 지혜를 길러가시길 바랍니다.

아무튼, 금융 공부

경찰이 아닌 주변 여성들 중 면허가 없거나 따야겠다는 생각조차 해본 적 없는 경우가 은근히 많다는 걸 알고 꽤 놀랐다. (…) 나는 자동차도 생활 가전이라고 생각한다. 요즘은 전기차도 증가하는 추세이니 정말 가전에 포함해도 틀린 말은 아니다. 여성들이, 세상이 진보할수록 일상용품으로 자리 잡을 것이 분명한 자동차와 보다 가까워지면 좋겠다.*

지금은 여러분에게 금융 공부의 중요성을 강조하고 있지만, 저 역시 처음에는 월급을 모을 줄만 알았지 금융에 대해서는 전혀 이해하지 못했습니다. 조금씩 금융 공부를 시작하게 된 시기는 스물아홉 살 때인데요. 그 시절 저는 해외 자원봉사 활동을 마치고 귀국해 금융 공기업의 사회공헌재단에서 일하고 있었습니다. 그곳에서 제가 맡은 역할은 금융 교육을 기획하고 운영하는 사업이었습니다. 여러 전문가와 함께 고민했습니다. 그동안 주식 투자 한 번 안 해본 저 같은 사람에게 필요한

---

* 원도 지음, 『아무튼, 언니』, 제철소, 2020, 39쪽.

금융 교육은 무엇일지를요. 돈을 모으는 데서 그치지 않고 금융에 대한 관심을 기르려면 어떻게 해야 할지, 누구나 해볼 수 있는 돈 관리와 투자는 무엇이 있을지 생각했습니다. 초등학생부터 청소년, 대학생, 어르신까지 세대별로 필요한 커리큘럼을 계획해보니 결국 금융 교육은 '돈을 모으고, 소비를 통제하며, 투자를 바탕으로 자산을 키워 돈의 흐름을 만들어가는 설계'였습니다.

전문가가 기획하고 감수하여 만든 초등학교 돌봄 교실, 지역아동센터용 금융 교육 교재를 펼쳤습니다. 저축, 소비, 보험, 주식 등 각 단어의 개념이 예시와 함께 어린이의 눈높이에 맞춰 설명되어 있었지만 좀 더 재미있게 이해하고 실생활에서도 응용할 수 있는 방법은 없을지 고민되었습니다. 그래서 금융 보드게임을 제작했습니다. 게임을 통해 금융의 개념을 체감한 아이들은 자신이 생각하고 느낀 것들을 풀어놓았습니다.

"나는 저축만 했는데 결국엔 투자한 영훈이가 이기네요."

"와! 이때 보험이 없었다면 엄청난 돈을 낼 뻔했어요. 사실 매번 보험료를 내는 게 아까웠는데 말이에요."

"투자할 때는 세금도 생각해야 하네요. 투자한 자산

의 가치는 오를 수 있을 뿐 아니라 떨어질 수 있다는 것도 잊지 말아야겠어요."

"저 이제 엄마한테 주식 투자 해보자고 말할래요!"

게임 속에서 펼쳐진 일이었지만, 아이들은 충분히 금융이 무엇인지 느끼고 있었습니다. 특히 지역아동센터의 아이들은 용돈을 정기적으로 받아본 적 없는 경우도 있어 게임을 통해 정기적인 소득이 얼마나 중요한지 실감했고, 적더라도 용돈을 받아서 관리해보고 싶다는 욕망도 갖게 되었습니다. 짧게나마 가정에서 배우지 못한 금융을 공부할 수 있게 해줘서 뿌듯한 마음과 동시에 이런 교육이 교과과정에 좀 더 체계적으로 반영되어 있다면 얼마나 좋을까 하는 아쉬움도 들었습니다.

특히 인상적이었던 금융 프로그램은 시설 보호 청소년을 대상으로 한 교육이었습니다. 부모의 보호와 지원을 받지 못해 시설에서 자라온 아이들은 당시 만 18세가 되어 법적 성인이 되면 보호가 종료되어 퇴소해야 했습니다. 이들을 '퇴소 예정 청소년'이라 불렀습니다. 지역별로 차이가 있긴 했지만, 그들에게 주어지는 건 약 3백만 원에서 5백만 원의 자립금이 전부였습니다. 실질적인 독립에 대한 대비, 자립할 준비도 되어 있지 않아,

자립금을 탕진하거나 금융 사기를 당해 그야말로 팔다리 멀쩡한 상태로 길바닥에 나앉게 되는 경우가 많았습니다. 더욱 안타까웠던 건 이러한 처지를 잘 아는 기존에 퇴소한 선배들이 새로 독립하는 후배들의 자립금에 손을 대기도 한다는 사실이었습니다.

퇴소 예정 청소년들에게는 소비, 저축, 투자 등 기본적인 금융 개념을 배우는 것도 중요했지만, 주어진 자립금으로 앞으로 어떻게 경제적으로 독립할 수 있을지 스스로 계획을 세워보는 실습이 더 중요했습니다. 해당 지역 자취방의 전월세 시세와 부동산 계약할 때 꼭 확인해야 할 사항들, 취업 후 정기적으로 들어오는 소득을 어떻게 관리할지에 대한 계획과 목표를 함께 세웠습니다. 금융 범죄 피해를 입게 되었을 때 구제 절차나 관련 기관 정보도 매뉴얼로 함께 제공했습니다. 당시 저도 세입자였기에 부동산 계약에 대한 지식과 기본 절차를 함께 배울 수 있었습니다. 그 뒤로 저도 제가 가진 자산과 현재의 소득으로 앞으로 어떻게 재무 계획을 세우면 좋을지 고민하며 스스로 목표도 설정하게 되었습니다.

열아홉 살에게 5백만 원은 큰돈입니다. 하지만 이 돈을 어떻게 써야 하는지 제대로 배울 수 있는 기회는 턱

없이 부족합니다. 5백만 원을 취업을 위한 교육비로 쓸
수도 있지만, 주거 안정을 위한 보증금으로 삼을 수도
있습니다. 어떤 용도로 쓰든 중요한 것은 스스로 계획
하여 지출하고 돈이 자신을 위해 쓰이는 것을 경험하는
일입니다. 저는 그날 아이들이 자립금으로 하고 싶은 일
을 적은 종이를 보며 한참 동안 코끝이 찡했습니다.

- PC방에서 짜장면 시켜 먹기
- 해운대 백사장에서 바캉스 즐기기
- 결혼해서 내 아이 버리지 않도록 돈 모으기
- 복지원 원장님 차 바꿔드리기

어린아이와 청소년을 대상으로 금융 교육을 마친 어
느 날 저는 금융이 삶을 바꿀 수 있다고 믿기로 했습니
다. 태어나고 자란 환경은 내가 바꿀 수 없지만 금융을
이해하고 자신만의 투자 철학을 세울 줄 안다면 인생을
주도적으로 살 수 있다고 생각하기로 했습니다. 그러기
위해서는 저도 실천을 향해 한 걸음 내디뎌야 했습니다.

금융 교육 담당자로 일했던 경험이 이론을 닦고 필요

성을 실감하는 계기가 되었다면 실제로 행동하게 된 계기는 따로 있습니다. 결혼을 준비하며 남편과 신혼집에 대해 고민하다가 미분양 아파트를 계약하게 되었습니다. 그리고 입주 전까지 1년 반 정도를 원래 살던 원룸에서 함께 살았습니다. 결혼식도 했는데 계속 자취방에 사는 게 못내 아쉬웠지만 돈을 아껴 새집에 놓을 신혼 가구를 들이는 데 보태기로 했습니다. 마침내 원룸에서 이사하는 날 집주인 부부께 문자로 인사를 드렸습니다.

– 벌써 삼 년이 지나 이사를 갑니다. 이사할 때 얼굴 뵙고 싶었는데 안 계셔서 이렇게 문자를 남깁니다. 큰 쓰레기는 정리했지만 혹시 필요한 게 있으면 말씀해주시고 보증금은 함께 보내드리는 계좌로 부탁드립니다.

이사 후 다음 날 아침 일찍 집주인 아주머니께서 잔뜩 흥분한 목소리로 전화를 하셨습니다.
"아가씨, 생각보다 집을 더럽게 썼네요. 쓰레기는 없던데 곳곳에 곰팡이가 있더라고. 화장실도 너무 더러워서 이거 다른 사람 세 주려면 청소 엄청 해야 할 것 같아. 그나저나 아가씨는 이렇게 더러운 곳에서 병 안 걸리고 잘 지냈나 모르겠네."

그 순간 잠이 확 깨며 모멸감을 느꼈습니다. 나는 심지어 보증금으로 들어간 6천만 원이라는 큰돈도 아직 돌려받지 못했는데, 이미 이사까지 나온 마당에 왜 이런 소리를 듣고 있어야 하는지 상황 판단이 잘 되지 않았습니다. 잠시 후 다시 전화드리겠다고 말한 뒤 남편분께 전화를 드렸습니다. 이사 후 보내드린 문자를 못 받으셨는지, 아내분께서 왜 저런 말씀을 하시는 건지, 보증금은 언제 넣어주시는 건지 물었습니다. 남편분은 상황을 파악하시고 이렇게 말씀하셨습니다.

"에고. 아가씨 미안해요. 우리 집사람이 말을 좀 심하게 한 것 같은데, 원래 이사할 때 청소비를 받았거든. 아가씨가 그런 얘기가 없으니 말을 나쁘게 한 것 같아. 집 상태가 더러우니 내가 6천만 원 중에 청소비를 빼고 보내려고 하는데 그래도 되죠?"

"네? 청소비요? 얼만데요?"

"3만 원만 받을게요, 아가씨. 3만 원 빼고 내가 오늘 보증금 바로 이체해줄게요."

저는 허무함을 느꼈습니다. 고작 3만 원 때문에 인신공격에 가까운 말을 들었으니까요. 그랬음에도 보증금을 돌려받지 못할까 봐 제대로 항의도 하지 못하고 눈치를 봐야 했습니다. 그게 바로 집주인과 세입자의 입지 차이였습니다. 저는 그날 이후 다시는 세입자의 삶으로 돌아가지 않겠다고 수천 번 다짐했습니다. 오늘의 설움과 모욕을 잊지 않고 열심히 공부해서 집주인의 삶을 유지하겠다고 말이죠.

사회생활을 시작했을 땐 착실하게 일하며 돈을 벌고 잘 모으면 부자는 되지 못하더라도 남부끄럽지 않게 살 수 있다고 생각했습니다. 하지만 자본주의를 이해하지 못하고 금융을 모른 채 그저 열심히 살아가기만 한다면, 부를 지녔다는 이유로 자신이 다른 사람보다 더 우월하다고 믿는 천민자본주의자의 도구가 될 수도 있습니다. 그래서 저는 금융을 조금 더 제대로 알아야겠다고 생각했습니다. 그리고 그 이야기를 꼭 글로 써야겠다는 다짐도 새겼습니다. 부에 대한 관심과 돈에 대한 가치관을 탐욕으로서 드러내지 않고, 내가 배운 금융지식이 실제 내 삶과 연결되어 누구에게도 지배받지 않는 삶을 살겠다고 말입니다. 그래서 저는 저의 투자 철학과 방식이 옳은지 고민하며 제 자산을, 아니 제 삶을 지키는 연습을 꾸준히 하려 합니다.

지금이라도 금융과 친해지고 싶은,
뒤에 올 여성들에게

결국 박사 학위를 받겠다는 계획대로 하기로 결정했다.
대담해보고 싶은 경제학의 질문이 아주 많고,
나는 큰 도전을 원했다. 나는 시작할 준비가 되었다.*

어떻게 하면 지금이라도 여성들이 금융과 친해질 수 있을까요? 저는 아직 금융이 어렵고 두려운 여성에게 가장 먼저 세 가지 용어에 긍정적인 머니스크립트를 만들어야 한다고 말하고 싶습니다. 앞서 머니스크립트는 돈에 관한 개인의 신념이며, 자라온 가정환경과 사회적 재정 경험에 따라 긍정적으로도, 부정적으로도 형성될 수 있다고 말씀드렸습니다. 소득 격차와 유리천장, 경력 단절 등 여성의 경제활동에 장애물이 되는 경험들이 우리로 하여금 위축되게 하고 스스로도 모르는 사이에

---

* 마이라 스트로버 지음, 제현주 옮김, 『뒤에 올 여성들에게』, 동녘, 2018, 152쪽.

내면에 부정적인 머니스크립트를 형성할 수 있습니다.

그럼 여러분의 현재 머니스크립트 긍정 척도를 한번 테스트해볼까요? 5점 척도로 각 문항에 대하여 평소 본인의 생각에 가까운 것을 고르고 점수를 더해서 자신의 머니스크립트 긍정 정도를 확인해보세요.

<간단 머니스크립트 테스트>

1. 나는 돈에 대해 자주 말하고 공부하는 게 세속적이라고 생각한다.

2. 나는 경제와 금융에 관해서는 전문가의 말을 듣는 게 낫다고 생각한다.

3. 나는 돈이 많다면 삶의 문제 대부분은 해결될 거라고 생각한다.

4. 나는 부자가 되는 데 있어 개인의 노력보다는 운이 따라주는 게 중요하다고 생각한다.

5. 나는 아직 큰돈을 가질 자격은 부족하다고 생각한다.

(매우 그렇다: 1점 | 그렇다: 2점 | 보통이다: 3점 | 그렇지 않다: 4점 | 전혀 그렇지 않다: 5점)

– 21점 이상: 이미 긍정 머니스크립트가 가득 찼습니다. 앞으로 자신만의 경제적 자유에 대한 목표를 설정해본다면 더 빠르게 원하는 부에 다가갈 수 있어요.

– 18점 이상: 긍정 머니스크립트가 적어 다소 자신감이 없군요! 지출보다는 긍정적인 소득과 투자 경험을 늘려보는 연습이 필요할 것 같아요.

– 12점 이상: 부정적인 머니스크립트가 많아 긍정적으로 바꾸도록 노력해야 합니다. 좀 더 자신을 믿으며 지출을 관리하는 연습을 해야 할 것 같아요.

– 11점 이하: 돈에 감정을 두지 않으려고 하는 편입니다. 돈을 인격체로서 대하기 위한 연습으로 소득과 지출, 투자의 개념을 익혀보면 어떨까요?

저의 경우 각각 5점, 4점, 3점, 4점, 5점으로 총 21점입니다. 완벽하게 긍정적인 머니스크립트를 갖고 있진 않지만 돈이 세속적이라는 부정적인 감정을 떨쳐낼 수 있는 사람입니다. 전문가가 아니더라도 누구든 금융과 친해질 수 있고, 충분히 소득, 지출, 투자를 관리할 수 있으며, 삶의 기준은 돈이 아니라 나 자신이란 것을 믿고 있습니다. 금융에서의 운은 노력을 습관으로 만든 이에게 온다는 것과 여성으로서 제가 큰돈을 가질 자격이 충분하다고 스스로에게 말해주고 있습니다.

긍정적인 머니스크립트를 바탕으로 인격체로 대하면 금융은 우리 인생에서 좋은 친구가 됩니다. 금융에서 가장 중요한 핵심 용어는 '소득' '지출' '투자'라고 생각하는데요. 특히 부자는 이 세 가지 용어의 연결에 대해 잘 이해하고 있었으며 강렬한 긍정 머니스크립트를 갖고 있었습니다.

1. 소득: 내 삶을 지켜줄, 나를 찾아온 돈

소득은 관심과 시간을 들여야만 나를 찾아온다. 어떤 소득은 한 번 들인 정성으로 계속 나를 찾아오지만 어떤 소득은 내가 계속 노력해야만 찾아온다. 시간이 지날수록 나를 필요로 하지 않으면서도 자꾸 찾아오는 소득의 비율을 늘려야 한다.

2. 지출: 내 삶을 풍요롭게 하는, 나를 빛내줄 돈

지출은 내가 더 나은 삶을 살 수 있게 해준다. 순간의 욕망으로 발생한 지출은 나를 빛내주지 않는다. 미래의 소득을 예상해 실행하는 지출은 빚이고, 시간을 들여 모은 돈으로 실행하는 지출은 빛이다. 나의 삶을 풍요롭게 해주는 재화나 서비스, 경험에 지출할 때 나는 진정한 부자가 되었다고 생각한다.

3. 투자: 스스로 내 삶의 주인이 될 수 있게 시간을 선물하는 주체

소득을 투자하는 일은 더 나답게 살 수 있는 자유를 준다. 투자는 나를 필요로 하지 않지만 나를 찾아오는 소득을 늘려준다. 또 순간의 감정으로 이루어지는 지출을 막고, 나를 빛내주는 지출 경험을 늘려준다. 투자는 거창하지 않다. 지금 당장 작은 것부터 시작할 수 있다. 투자에 들이는 현재의 시간은 미래의 나에게 내 시간을 선물해줄 것이다.

이런 개념을 알기 전까지 제게 소득은 단순하게 '월급', 지출은 '생활비', 투자는 '부동산'과 '주식'이었습니다. 하지만 부자의 금융에 대한 생각과 태도를 알고 나니 새로운 관점을 얻게 되었고 조금 마음이 편해졌습니다. 그들처럼 부에 이르기 위해 우선 부자들이 했던 방식으로 연습해보려 합니다. 그 과정에서 배운 것을 바탕으로 내게 맞는 방식을 찾아 조금씩 수정해나가면 되겠죠.

금융과 친해지는 방법을 공식으로 만들 수는 없지만 가이드는 드릴 수 있겠다고 생각했습니다. 금융을 대하는 태도를 바꾸고 부에 가까이 가는 패턴을 만드는 것입니다. 현재 우리의 금전적 상황이 어떠한지와 관계없이, 내가 얼마나 금융과 친해지고 싶은지, 부에 다가서고 싶은지에 따라 이 방법은 쉬울 수도 있고 어려울 수도 있습니다. 우리에겐 충분한 소득을 갖고 충만한 소비를 하며 충실하게 투자할 자질이 있습니다.

『뒤에 올 여성들에게』를 쓴 마이라 스트로버는 1970년대 스탠퍼드 대학 경제학 교수라는 커리어를 쌓기 위해 가사, 육아, 유리천장이라는 수많은 장벽 앞에서도 스스로를 '운 좋은 여성'이라 여겼습니다. 그리고 과거로 돌아가더라도 망설임 없이 이 모든 과정을 겪고 다시 이야기할 것이라고 했습니다. 그녀가 삶을 긍정적인 관점으로 바라봤듯이 저는 금융을 보는 관점을 긍정적인 머니스크립트로 채울 것이고, 이를 뒤에 올 여성에게 알려주고 싶습니다.

**〈지금 금융과 친해지길 원하는 여성을 위한
긍정 머니스크립트 5계명〉**

1. 나는 금융에 자주 관심을 갖고 친해지는 방법을 알고 싶다.

2. 나는 금융에 시간과 노력을 들인다면 충분히 자산을 만들어나갈 수 있다고 믿는다.

3. 나는 돈이 삶에서 꼭 필요한 것임을 알고 이를 잘 다루는 사람이 될 수 있다.

4. 나는 충분한 시간을 들여 준비해야 부자가 되는 운의 기회를 잡을 수 있다는 것을 안다.

5. 나는 먼저 적은 돈을 잘 다루는 사람이 되어야 언젠가 큰 돈을 가질 자격을 얻게 된다고 믿는다.

에세이
스물다섯 살의 나에게 전하고 싶은 말

벌써 사회생활을 시작한 지 일 년이 넘었구나. 매월 들어오는 급여를 잘 관리하고 있는 너를 칭찬해. 어리고 젊어서 백화점 화장품도 써보고 명품백도 많이 사고 싶었을 텐데 지출보다는 저축에 힘쓰는 네가 참 대견하단다. 입사 2주년이 되어 생애 처음으로 산 명품백은 십 년이 지난 지금도 잘 쓰고 있으니 넌 네 삶을 빛내줄 소비를 한 거란다. 그러니 네가 하는 지출의 크기와 방향을 믿어도 좋아. 오늘 너에게 특별히 편지를 쓴 것은 지금의 내가 후회하는 것들을 알려주기 위해서야. 모두 시간이 흐른 뒤 너도 알게 되는 것들이지만 어딘가에 있을 또 다른 '스물다섯 살 볼리'를 위해 말이야.

먼저 너의 첫 회사였던 대기업의 힘은 급여가 아니란

걸 알려주고 싶어. 생각보다 적은 실수령액을 받고 대기업에 들어간 게 무색하다고 생각했겠지만 대기업의 힘은 소소한 복지 혜택과 엄청난 신용도란다. 그 회사에서 정규직으로 일한다는 사실만으로 너는 돈을 빌려 쓸 수 있는 힘을 가진 사람이 된 거야. 그러니 부디 대출을 두려워하지 말고 꼭 대출 한도와 우대 이율을 알아보렴. 돈을 다룰 줄 아는 사람에게는 얼마를 버느냐가 전부가 아니니까 말이야. 정기적으로 대출 한도를 파악하면서, 퇴사하게 되면 네가 포기해야 할 가치에 대해서도 깨닫길 바랄게. 나중에 작은 회사를 다니는 너는, 경력이 단절된 너는 대출받기가 어려워지거든.

다음은 네가 투자를 두려워하지 않았으면 좋겠어. 그저 모으는 것이 전부인 줄 알았기에 예적금만 열심히 넣었지만, 몇 년이 지나도 통장을 들여다보면 생각보다 적다는 생각이 들 거야. 사회 초년생인 네가 투자를 시작한다면 나는 우선 주식을 사보라고 하겠어. 국내 시총 1위인 삼성전자 주식에는 의결권이 없는 대신 배당을 우선하는 '삼성전자우(005935)'라는 종목이 있단다. 2009년 삼성전자우는 1주에 70만 원 정도인데 꼭 매달 1주씩 사 모으길 권할게. 그러면 십 년 뒤에 너는 주식

분할로 꽤 많은 주수를 보유하고 꾸준히 배당금을 받을 수 있을 거야. 나머지는 꼭 미국 주식시장의 시총 1위인 애플의 주식을 사도록 해. 손해를 보더라도 괜찮으니까 걱정 마. 예적금은 잠시 돈을 보관해두는 기능을 할 뿐이야. 절대 너의 돈을 불려줄 거라고 생각하지 마.

그리고 너는 지금 납입하는 보험 상품을 해지해야 해. 네가 들고 있는 생명보험은 네가 죽어야만 나오는 돈이 대부분이고 저축성이라 너무 비싸거든. 사회 초년생에게는 크게 다쳤을 때 큰돈이 나가는 것을 막아주는 정도의 보장성 보험만 있으면 돼. 실비보험은 회사에도 가입되어 있으니 나중에 네가 조직의 보호를 받지 못하는 시기가 찾아오면 그때 가입해도 늦지 않단다. 혹시나 해서 말해주는데 아는 사람에게 가입한 보험이라고 괜히 미안해할 필요는 없어. 네 돈의 운용은 네가 스스로 판단해서 결정해야 하는 거니까 말야. 늦게 해지할수록 손해니까 하루라도 빨리 해지해서 그 돈을 투자하는 데 쓰길 바라. 보험은 소비야. 절대 저축이 아니란다.

참, 너 주택청약통장을 만들지 않았더라. 네 월급을 보면 대체 언제 집을 살 수 있는지 막막하지? 그런데 집은 월급으로 사는 게 아니야. 부동산은 내 돈과 남의 돈(대출), 그리고 기회가 맞아야 살 수 있는 투자란다. 그러니 주택청약종합저축통장을 개설해서 매월 2만 원씩 넣으렴. 언젠가 네가 주택 청약에 지원할 자격조차 안 된다는 절망감에 빠지지 않기 위해서 말이야. 주택청약 통장이란 주택을 구매하기 위한 금액을 모으는 게 아니라 '자격'을 갖추게 하고 '당첨 확률'을 높이는 도구란 걸 잊지 마. 그리고 이건 비밀인데 네 인생에 실제로 주택청약에 당첨되는 행운이 온단다.

끝으로 네가 꼭 잊지 말았으면 하는 게 있어. 너의 20대가 불안하듯 이 모든 과정은 불안하고 지난할 거야. 곁에 있는 이들의 질투와 조롱도 맞닥뜨릴 거야. 때로는 스스로가 구질구질해 보일 때도 있을 테고. 허름한 자취방에서 아등바등 사는 것만 같겠지만, 너에겐 그 시간을 견딜 힘이 있어. 그리고 나중엔 이 여정을 함께 감당할 사람도 만나게 될 거야. 불안을 견딘 인내는 너에게 안정과 자유를 줄 거란다. 너는 그렇게 금융 에너지 가득한 30대를 맞이하게 될 거야. 그러니 나는 너를 응원하며 우리가 만나게 될 때를 기다리고 있을게.

스물다섯 살 볼리에게, 서른일곱 살 볼리가.

2장.

금융 에너지를 기르는
세 가지 방법

내돈내삶을 이룰 금융 에너지

우리에게는 어디에 집중하고 에너지를 들일지 스스로 결정할 수 있는 힘이 있다. 하지만 신중하게 선택해야 한다. 선택을 하고 나면 다른 일은 양보해야 하기 때문이다.

스물네 살 사회생활을 시작하고 첫 월급을 받던 날을 잊지 못합니다. 실수령액은 2백만 원도 되지 않았지만 마치 저 자신이 소우주가 된 기분이었습니다. 월급을 나누어 각각 이름을 붙이며 어떻게 쓸지 계획했습니다. 먼저 크게 저축과 생활비로 분류해 매월 125만 원을 적금과 펀드에, 약 75만 원을 생활비에 할당했습니다. 생활비는 그 안에서 다시 식비, 통신비, 교통비, 보험료 등으로 세분되었습니다. 이후 몇 번의 경조사와 사회생활에서 필요한 모임 회비를 내며 이제야 스스로를 책임지

---

* 　제이미 컨 리마 지음, 한원희 옮김, 『빌리브 잇』, 유노북스, 2021, 260쪽.

는 어른이 되었다고 생각했습니다. 정기적인 소득을 기반으로 소비를 통제하고 관리할 줄 안다는 것만으로도 내 돈으로 내 삶을 사는 기분이었습니다.

체력과 노동력이 무한히 지속된다면, 그리고 평생 나자신 외에 누구도 돌보지 않아도 된다면 아마 저는 굳이 투자를 고민하지 않았을 겁니다. 하지만 결혼을 하고 구입한 아파트의 대출금을 매월 갚아야 하는 현실을 직면하면서, 반려견과 아이라는 삶의 기쁨이자 돌봐야 하는 존재가 생기면서 저는 전보다 적극적인 노력이 필요하다는 것을 체감했습니다. 그래서 경제·금융 책, 기사와 블로그, 유튜브 등을 통해 내 삶을 지킬 내 돈을 이뤄줄 금융 에너지를 만드는 방법을 찾게 되었습니다.

에너지의 사전적 정의는 '인간이 활동하는 근원이 되는 힘'입니다. 제가 자본주의에서 금융이 에너지라고 여기는 이유는, 소득 시스템을 늘리고 지출을 관리하여 지속적으로 투자해나가는 금융이야말로 바로 사람이 사람답게, 그리고 나답게 살아갈 수 있는 근원이 된다고 생각했기 때문입니다. 금융 에너지를 가진 사람이 되려면 두 가지 준비 단계가 필요한데요. 먼저 총 자산과 월평균 생활 비용을 살펴보고 스스로 금융 에너지를 갖춘 사람인지 판단해보세요.

1단계: 나의 자산 알기
– 현재 내게 이익을 줄 자산은 무엇인가?

지난 6월 재미난 광고를 하나 봤습니다. NH농협은행의 "너 자신을 알라, 너 자산을 알라" 캠페인이었는데요. MZ세대를 겨냥한 이 광고는 스스로를 잘 아는 것만큼 자신의 자산에 대해 아는 것도 중요하다고 말하고 있었습니다. 자산을 잘 아는 것이 결국 자신에 대해 잘 아는 일이라고도 해석할 수 있겠네요. 사실 모든 금융, 경제, 재테크 책에서 최종적으로 말하는 것은 바로 '자산 관리'입니다. 자신의 자산이 무엇인지 정확히 알아야 투자의 방향성과 규모를 설정할 수 있고 결국 최종 목표인 경제적 자유에 도달할 수 있기 때문입니다.

그렇다면 자산이란 무엇일까요? 사전적 의미로 자산이란 '개인 또는 법인이 소유한 경제적 가치가 있는 유무형의 자본과 재산'을 의미합니다. 하지만 저는 도서 『부자 아빠, 가난한 아빠』에서 말하는 자산의 의미가 좀 더 자본주의 체계에 맞는 개념이라 생각합니다. 이 책은 '내 주머니에 돈을 넣어주는 모든 것'을 자산으로 보는

데요. 저는 여기서 더 나아가 자산은 '나의 현재와 미래에 이익을 가져다주는 돈의 흐름을 지속적으로 유지하는 시스템'이라고 생각합니다.

여기서 중요한 것은 '돈의 흐름'이라는 개념과 '지속적으로 유지하는 시스템'이라는 속성입니다. 저는 기본적으로 부(富)란 단순히 돈을 많이 갖고 있는 것이 아니라, 지속적으로 쓸 수 있는 가능성을 의미한다고 생각합니다. 엄청난 부자라 해도 계속해서 돈이 들어오는 구조가 없다면 창고에 쌓아둔 돈이 바닥나는 것은 시간문제일 테니까요. 그렇기 때문에 지속적으로 소득을 유지할 수 있는 시스템을 갖추어야 합니다.

그럼 이제 부동산과 주식을 예로 자산인 것과 자산이 아닌 것을 알려드릴게요.

– **자산인 것:** 보유한 부동산의 임대 수익(월세), 1순위 조건을 갖춘 청약통장, 보유한 주식의 세후 배당금 등.

– **자산이 아닌 것:** 임대인의 경우 거주하는 부동산의 매수금 또는 대출금, 임차인의 경우 보증금, 보유한 주식의 수익금 등.

만약 보유한 주택에 살며 집 산 돈을 깔고 앉아 있다면 이것은 자산이 아닙니다. 대출을 받아 집을 사고 그 이자를 갚고 있는 경우에도 자산이라 보지 않습니다. 부동산은 매도하여 차익을 얻기 전까지는 자산이 아니라 오히려 세금과 관리비가 드는 부채로 보는 것입니다. 세입자의 경우에도 집주인에게 잡혀 있는 보증금은 본인의 자산이 아닙니다. 나중에 돌려받는다 해도 내 주머니에 돈을 넣어주는 기능을 하지는 않기 때문입니다.

비록 당첨 확률이 희박하긴 하지만 1순위 조건을 갖춘 청약통장은 자산이 됩니다. 이때 1순위 조건을 갖춘 청약통장이란 납입 기간과 횟수, 공급 면적별 예치금 기준을 갖추면서 세대주, 해당 지역 거주 기간 등의 조건을 모두 충족한 경우를 말합니다. 주식도 마찬가지입니다. 보유한 주식의 수익률이 100%, 200%라도 수익을 실현하기 전까지는 자산으로 보기 어렵습니다. 하지만 그 주식이 정기적으로 배당금을 준다면 자산으로 볼 수 있습니다. 그밖에 더 이상 시간과 노동력을 투입하지 않아도 발생하는 저작권료 등의 소득은 자산이고 자동차와 같이 감가상각비가 큰 소유물은 자산이 아니라고 생각합니다.

> **NOTE. 볼리의 총 자산(2021년 9월 기준)**
>
> 1. 삼성전자우 1,430주(배당주로 분기마다 배당금이 나옴)
>
> 2. 1순위 청약통장(납입 횟수 48회, 예치금 1500만 원, 세대주 등록 완료, 해당 지역 거주 기간 2년 이상)
>
> 3. 퍼블리 디지털 콘텐츠(매월 인세 정산)

2단계: 나의 월평균 생활 비용 알기
– 나는 매월 얼마를 쓰는 사람인가?

사회에서는 보통 '얼마를 버는 사람인가'를 중요하게 여깁니다. 연봉은 실제로 커리어 시장, 심지어 연애 및 결혼 시장에서도 사람을 판단하는 기준이 되니까요. 하지만 저는 사람의 드러나지 않는 부분까지 파악하려면 얼마를 쓰는지를 알아야 한다고 생각합니다.

남편을 처음 만났을 때, 여러 대화를 나누다 보니 돈을 한 달에 보통 얼마나 쓰는지, 주로 어디에 많이 쓰는지를 묻게 되었습니다. 남편은 수줍게 "제가 서울에는 친구가 별로 없고 마땅한 취미도 없어요. 담배도 안 피우고 차도 없어서 사실 돈 쓸 데가 없네요."라고 말하더군요. 저는 30대 중반의 남자가 소개팅에서 만난 여자에게 차도 없고 돈도 잘 안 쓴다고 하는 게 좋은 이야기가 아니란 걸 모른다는 점이 참 좋았습니다. 알고 보니 저처럼 그는 차를 갖기보다 하루빨리 내 집을 마련해서 안정적인 주거를 확보하는 것을 선호하는 사람이었습니다. 이처럼 부부는 씀씀이의 규모와 방향이 맞는 것이 참 중요한데요. 그 전에 한 달 동안 나는 얼마나 쓰는 사람인지 스스로 생각해봤으면 합니다. 아래 여덟 개 분류 기준에 맞춰 생각해보시길 바랍니다.

1) 주거유지비: 임대인의 경우 주택담보 대출상환금, 재산세, 관리비, 공과금 등. 임차인의 경우 전세자금 대출상환금, 월세, 관리비, 공과금, 퇴거 청소비 등.

2) 식비: 필수 식비(쌀, 라면, 빵, 반찬, 고기 등), 기호 식비(커피, 술 등), 외식비나 배달비도 포함.

3) 교통/통신비: 자동차 할부상환금, 주유비, 보험료, 재산세, 대리운전비, 세차비, 대중교통비(지하철, 버스, 택시 등), 휴대폰 할부상환금·사용료, 인터넷 사용료 등.

4) 교육/문화비: 학습비(학원 수강료, 시험 응시료, 학습지 구입/구독료, 인터넷 강의료 등), 문화비(도서 구입, 유튜

브·넷플릭스·왓챠 등 콘텐츠 구독료 등).

5) 의료/생활용품비: 진료의약품비(병원 진료비, 약품 조제비, 안경·렌즈 구입비 등), 생활용품비(샴푸, 치약, 세제 등), 미용건강비(미용실, 화장품, 운동용품 등).

6) 보장금융비: 국민연금, 건강보험료, 보장성 개인보험, 주택청약 월납입금.

7) 관계유지비: 경조사비(결혼, 돌잔치, 생일 등 축의금과 부의금), 친목도모비(동호회, 지인 방문, 커뮤니티 가입 등).

8) 기타예비비: 수선비(주택, 자동차, 가구, 전자제품 등의 수선 비용), 비상금.

NOTE. 볼리의 월평균 생활비(가족 지분 제외): **110만 원**

1)주거유지비: 20만 원

2)식비: 40만 원

3)교통/통신비: 10만 원

4)교육/문화비: 10만 원

5)의료/생활용품비: 10만 원

6)보장금융비: 10만 원

7)관계유지비: 5만 원

8)기타예비비: 5만 원

현재 가진 자산과 매월 필수적으로 지출되는 생활 비용을 아는 것은 금융 에너지의 기틀을 잡는 일입니다. 이를 잘 알지 못하면 금융 에너지를 기르는 3요소인 '소득 시스템' '지출 관리' '투자 철학'을 안다 한들 금방 무너지기 때문입니다. 저는 지금도 매월 저의 총 자산과 월평균 생활 비용을 점검하는 시간을 갖습니다. 상황과 조건에 따라 자산과 생활 비용도 조금씩 달라지기 때문입니다.

든든한 소득 시스템 만들기

나도 지금이야 웃으며 말하지만, 파이프라인 구축에는 생각보다 많은 시간과 에너지가 들었다. (…) 우리 같은 소시민이 단시간에 부자가 되기란 쉽지 않다. 그런 방법이 있다고 말하는 사람은 대개 다단계 아니면 사이비 종교다.*

 엄마가 된 후 힘들었던 것 중 하나는 줄어든 소득을 견디는 일이었습니다. 아이를 돌보기 위해 시간제 일자리를 찾아야 했고 줄어든 노동 시간만큼 연봉도 줄어들었죠. 앞자리 숫자가 달라진 연봉 계약서에 서명할 때는 괴롭기도 했지만, 얼른 근로 소득을 대체할 방법을 찾아야겠다는 생각이 더 크게 들었습니다. 먼저 저는 생활 비용에 식비, 교통/통신비와 같은 이름을 붙이듯 소득에도 각자 이름을 붙여주기로 했습니다.

---

*   김얀 지음, 『오늘부터 돈독하게』, 미디어창비, 2020, 150쪽.

첫 번째 소득: 시바소득(근로 소득)

시바소득은 내가 일한 시간과 바꾸어 얻은 소득이란 뜻으로, 대개 조직에 소속된 형태로 노동력을 제공하여 얻는 근로 소득을 의미합니다. 쉽게 직장인의 월급이라 보면 되는데, 가끔은 일하다가 본인도 모르게 '시바'라는 마음의 소리가 나온다는 특징이 있습니다. 시바소득이 높다는 것은 단순히 연봉이 높은 게 아니라 시급이 높다는 뜻입니다. 가령 매주 80시간씩 일하며 연봉 1억 원을 받는 사람보다 매주 20시간씩 일하며 연봉 4천만 원을 받는 사람이 시바소득이 더 높다고 할 수 있습니다.

시바소득은 고정적으로 내 통장에 자리 잡기 때문에 매우 자주 우리에게 안정감을 준다는 엄청난 장점이 있습니다. 반면 실제 일하는 시간만큼 조직을 위해 엉덩이를 붙이고 있어야 하는 시간도 중요해 '내 시간의 자유도'가 떨어진다는 치명적인 단점도 있습니다. 그렇기 때문에 정기적인 소득이라는 안정감에 속지 말고 우리의 시간을 빼앗기고 있다는 것을 기억해야 합니다.

부자는 하나같이 '시간이 가장 아깝다'고 말합니다. 그래서 아무리 돈이 되는 일이라도 시간이 많이 소요되거나 체력을 빼앗기는 일은 굳이 하지 않습니다. 시바소득의 비율을 최대한 줄여 시간을 확보합니다. 대신 자기를 위해 기꺼이 시간을 내어줄 사람을 고용합니다. 도서 『레버리지』에 따르면, 자본주의에서 인간은 주인 아니면 노예로 분류되어 한 개인이 다른 개인을 위해 일하게 된다고 합니다. 우리가 회사에 출근하여 일하고 받는 월급도 회사 주인의 이익을 위해 우리의 시간과 노동력을 제공한 대가인 셈입니다.

가장 놀라웠던 점은 부자는 절대 양보할 수 없는 한 가지 일이 뭔지 알고 있다는 것이었습니다. 부자는 누군가 나보다 더 잘하기 때문에 일을 넘기는 것이 아닙니다. 심지어 나보다 못한 사람에게라도 일을 넘겼는데, 이는 자신을 자유롭게 만들어 정말 중요한 한 가지 일에 집중하기 위함이었습니다. 사람은 누구나 잘하는 일이 여러 가지이기에 한 가지만 남기고 나머지를 포기하는 게 굉장히 어렵다고 합니다. 하지만 부자는 거의 모든 것을 전문가를 고용해 위임하고 자신이 남겨놓은 한 가지 정말 중요한 일에 모든 에너지를 쏟았습니다.

사업가는 종업원을 고용하고, 전문가를 고용하고 협력업체 등을 활용해 중요도가 떨어지는 일은 모두 아웃소싱합니다. 그렇다면 우리는 어떻게 시바소득의 비율을 줄여나갈 수 있을까요? 시바소득 외 다른 소득을 점진적으로 늘려가는 수밖에 없습니다. 뒤에 설명할 재능소득과 자본소득에 대해 알고 그 비율을 높일 준비를 해야 합니다.

두 번째 소득: 재능소득(플랫폼 소득)

사전적 의미로 재능이란 '어떤 일을 하는 데 필요한 재주와 능력'으로, 타고난 능력과 훈련으로 획득한 능력을 모두 포함합니다. 저에게 재능은 '남에게 돈을 받고 팔 수 있는 재주와 기술'입니다. 즉 아무리 그림을 잘 그려도 그 그림을 팔 수 없다면 재능소득의 원천으로 보지 않습니다. 전문 지식이 없어도 소액이나마 수익을 창출할 수 있다면, 그것이 진짜 재능이라고 생각합니다.

재능소득도 처음에는 시바소득과 같이 시간을 들여야 합니다. 하지만 시바소득은 지속적으로 시간과 노동력을 제공해야 하는 반면, 재능소득은 한 번 수익이 되는 재능이 만들어지면 이후부터는 시간이 적게 들거나 시간을 들이지 않더라도 수익이 나는 구조가 됩니다. 저는 가난한 사람이 가난에서 벗어나지 못하는 이유는 '바빠서'도 있다고 생각합니다. 노동력이 유일한 소득의 원천일 때, 소득을 유지하기 위해 노동에 많은 시간을 들여야 하고 그러다 보면 결국 가난의 소용돌이에서 자신을 탈출시켜줄 투자 시스템을 구축하거나 재능을 자본화할 기회를 얻지 못합니다. 미국의 가수 테이 존데이(Tay Zonday)는 "가난에는 이자가 붙는다."라는 유명한 말을 남겼습니다. 만약 누군가 치약이나 칫솔을 살 돈이 없다면 훗날 임플란트 비용을 청구받게 될 것이고, 돈이 없어 침대 매트리스를 바꾸지 않으면 척추 수술비를 청구받게 된다는 것이죠. 건강검진을 정기적으로 받지 못한 사람들이 큰 질병을 조기에 발견하지 못하여 나중에 더 큰 비용을 치르게 되는 원리와 같을 것입니다.

저는 매월 북클럽을 열어 참가비를 받고 있는데요. 책을 고르는 큐레이션, 참가자를 모집하는 마케팅, 모임을 진행하는 퍼실리테이터(facilitator) 능력이 모여 재능소득을 만들어주고 있습니다. 처음에는 어려움이 많았지만 회차를 거듭할수록 운영에 익숙해져 들이는 노력의 크기가 줄어들고 있습니다. 만약 책을 쓰거나 강연 콘텐츠를 영상으로 만들어 플랫폼에 판다면 이후부터는 내 시간을 더 들이지 않고도 재능소득이 쌓이는 결과를 얻게 됩니다. 그래서 재능소득은 '플랫폼 소득'이기도 합니다. 아무리 팔릴 만한 재능이라도 판매할 수 있는 플랫폼이 없거나 있어도 팔 줄 모른다면 의미가 없기 때문입니다.

부자가 되기 위해서는 시바소득 중심에서 재능소득 중심으로 전환되도록 재능소득의 비율을 점차적으로 늘려야 합니다. 자본소득이 충분해서 다른 소득이 필요 없는 경우라도 이는 마찬가지입니다. 재능소득을 통해 자기를 발견하고 스스로의 영향력을 경험하는 일은 삶에서 또 다른 가치이기 때문입니다. 저는 만약 엄청난 부자가 되더라도 매월 북클럽을 열어 책으로 사람과 소통하는 커뮤니티를 계속 운영하고 싶습니다. '글자 생활자'로서의 제 가치를 유지하고 싶기 때문입니다. 내가 가진 재주나 기술이 무엇일지 모호하다면 재능을 사고파는 플랫폼(크몽, 숨고 등)에서 무엇을 팔 수 있을지 고민해보시기 바랍니다.

세 번째 소득: 자본소득(투자 소득)

재능소득이 재능을 기반으로 하는 소득이라면 자본소득은 말 그대로 자본이 있어야 얻을 수 있는 소득입니다. 우리가 흔히 알고 있는 부동산, 주식으로 돈을 벌려면 자본을 투자해야 하니 '투자 소득'이라고도 합니다. 금융 상품을 통해 얻는 경우가 많아 '자산 소득' 또는 '금융 소득'이라고 부르기도 합니다.

투자는 자본이 있어야 하기 때문에 시작하기 어렵고, 투자 상품에 대한 지식이 필요하므로 실행하기도 쉽지 않습니다. 더군다나 투자에는 손해를 볼 수 있는 리스크(risk)가 있고 시간의 함수가 작용하기에 유지하기도 어렵습니다. 그럼에도 불구하고 우리가 자본소득을 꼭 가져야 하는 이유는 그 어떤 소득보다 우리에게 부를 가져다주고 자유를 줄 수 있는 소득이기 때문입니다. 사회 초년생에게 투자를 시작하라고 권하는 이유는 그들에겐 비록 자본은 적지만 기다릴 수 있는 시간이 많고 장기적인 투자가 가능하기 때문입니다.

다시 부자들을 돌아보면, 그들은 '복리'에 대한 재정 경험이 있고 그 가치를 매우 긍정적으로 인식하고 있었습니다. 밑바닥에서 출발하여 부자가 된 사람들의 투자 경험에는 반드시 복리가 포함되어 있었습니다. 그들은 아무리 자본의 크기가 중요하다 할지라도 시간의 복리가 주는 힘은 마법처럼 강력하다고 말합니다. 특히 나이 든 부자들은 젊은이에게 가장 중요한 자산은 '앞으로 투자할 수 있는 시간'이라고 하니까요.

그들은 쉽고 빠르게 온 돈의 힘을 잘 믿지 않았습니다. 진짜 필요하고 유익한 돈은 천천히 만들어진다고 믿으며 복리를 기반으로 한 장기 투자를 지향했습니다. 투자로 벌어들인 수익(월세 또는 배당금)을 재투자해 자산의 크기를 불려나갔고 한 번 선택한 투자 대상은 그 가치와 잠재력이 다하기 전까지는 끝까지 믿고 기다린다는 것을 알 수 있었습니다.

시간은 누구에게나 동일하게 주어지기 때문에 소비를 통제하고 투자 비중을 확대한다면 누구나 복리를 경험할 수 있습니다. 그래서 시바소득 중 생활 비용을 제외한 나머지는 모두 자본소득을 위한 자본으로 쓰이도록 시스템을 만들어야 합니다. 그러면 자본이 된 소득이 다시 소득을 주는 소득의 풍차 돌리기가 이루어져 자산이 빠르게 늘어날 수 있습니다.

자본소득에서 유의해야 할 사항은 자본으로 쓰인 돈은 소득이 아니란 것입니다. 즉 1백만 원을 투자해 50만 원을 벌었다면 소득은 50만 원이지 150만 원이 아니란 의미입니다. 주식 투자로 예를 들면 주식을 매수한 매입금은 자본이고, 나의 자본소득은 주식을 매도함으로써 얻는 수익금과 보유함으로써 얻는 배당금입니다. 그리고 자본이 부족해 대출이라는 레버리지를 통해 투자하게 된다면 대출 상환금은 자본소득에서 제외해야 합니다. 즉 대출금 1천만 원으로 주식에 투자하여 월 50만 원의 수익을 얻었다면 월 이자 3만 원을 뺀 47만 원이 자본소득이라는 뜻입니다.

결국 소득이란 '노동력이나 재능, 또는 자본을 바탕으로 얻은 수익'으로 정의할 수 있습니다. 저는 매월 이 세 가지 소득의 금액을 기록해 현재 나의 소득 분포는 어떤지 살펴봅니다. 시바소득은 '노동' '돌봄' '기타' 항목으로 분류합니다. '노동'은 월급, '돌봄'은 아이 돌보는 일의 가치를 스스로 평가하여 매긴 금액입니다. '기타'는 희망퇴직 이후 받은 실업급여입니다. 재능소득은 '커뮤니티' '콘텐츠' '강연' 항목으로 나누었습니다. '커뮤니티'는 프로그램을 개최·진행하여 얻는 참가비 수익을 의미합니다. 콘텐츠 제작비와 인세로 받는 금액은 '콘텐츠' 항목에 표기합니다. 이 외에 초청을 받아 진행한 외부 강연 수익도 '강연'에 기재하였습니다. 끝으로

나의 소득은 어디에서 들어오고 있는가?

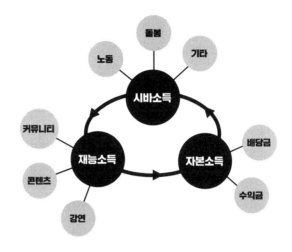

자본소득은 '수익금'과 '배당금'으로 구분하여 주식, 부동산, 코인 등에 자본을 투자하여 얻은 수익금과 주식 배당금을 정리했습니다. 저는 실업급여를 받으면서 재능소득을 늘려나가기 위한 실험을 꾸준히 해나가고 있습니다. 자본소득은 투자의 방향성을 잡고 종목을 조정해나가는 가운데 많이 벌기도 하지만 손실을 볼 때도 있습니다. 재능소득이 정기적인 소득이 될 수 있도록 시스템화하고, 시바소득과 재능소득을 꾸준히 투자하여 자본소득을 늘려가는 것이 저의 목표입니다.

유연하게 지출 감각 키우기

돈을 쓴다는 건 마음을 쓴다는 거다. (…) 내 몸뚱이의 쾌적함과 내 마음의 충족감. 이 두 가지는 세상에서 제일 중요하고 소중하지만, 내가 나와 충분히 대화를 나누지 않으면 영영 모를 수 있다.[*]

우리는 죽을 때까지 돈을 쓰며 살아갑니다. 저는 돈을 버는 건 기술이지만 돈을 쓰는 건 예술이라고 생각하는데요. 특히 소득이 적을수록 돈을 잘 쓰는 감각이 필요합니다. 단순히 생활 비용의 규모를 말하는 것이 아닙니다. 내가 어떤 기준으로 돈을 쓰는지를 잘 알고 있어야 한다는 뜻입니다. 앞서 지출은 내 삶을 빛내주는 돈이라고 했는데요. 이 대목에서는 기꺼이 지불할 가치가 있는 곳에 소비하는 감각을 키우는 방법에 대해 이야기해보려 합니다. 평소 돈을 쓸 때 저는 이 지출이 현

---

[*]   신예희 지음, 『돈지랄의 기쁨과 슬픔』, 드렁큰에디터, 2020, 12쪽.

재 기준으로 필요한 정도와 가격의 합리성, 감정의 만족 정도를 표기하곤 합니다. 스타벅스 커피 한 잔 값을 지출하게 될 때의 기록을 예로 들어 보겠습니다. 점수는 5점 척도로 표기하였습니다.

9월 1일 스타벅스 아메리카노 (4,100원 지출)

-필요도: 3점(카페인 충전이 필요했음)

-합리성: 2점(테이크아웃 할인이 안 됨)

-만족도: 4점(기분 전환이 되었음)

9월 4일 스타벅스 아메리카노 (4,100원 지출)

-필요도: 5점(카페인 충전과 글을 쓸 공간이 필요했음)

-합리성: 5점(카페 공간을 두 시간 사용했음)

-만족도: 4점(집중력을 높여주었음)

같은 스타벅스 아메리카노 한 잔이지만 상황과 조건에 따라 지출 점수가 달라집니다. 단지 카페인을 충전하려는 목적이었다면 스타벅스 아메리카노 대신 매머

드커피의 900원짜리 아메리카노로도 충분했을 것 같거든요. 이렇게 자주 지출하는 항목에 대해 '기꺼이 지불할 가치'를 평가하는 자신만의 기준을 마련해두면 지출 감각이 생겨 어느 순간부터는 점수를 매기지 않아도 돈을 잘 쓸 수 있게 됩니다.

사회 초년생 시절엔 지출내역서를 쓰며 십 원 단위까지 꼼꼼하게 관리했습니다. 그렇게 이삼 년을 기록하다 보니 지출의 규모가 정해졌습니다. 십 년 전 제 지출 규모는 75만 원 정도였지만, 결혼을 하고 반려동물과 아이를 키우게 된 현재는 월 110만 원의 지출이 필요하게 되었습니다. 지출 규모를 알게 되니 이사를 한다든지, 큰 수술을 하게 되는 등의 특수한 상황이 아니고서는 매월 지출하는 돈을 감각적으로 유지할 수 있었습니다.

지출 규모를 파악한 후부터는 규모를 관리하는 것보다 유형과 패턴을 파악하는 것이 필요합니다. 주로 어느 분야에 지출하는지, 어떤 계기와 감정으로 지출하게 되는지 찾아보는 것입니다. 생활용품이나 화장품 등은 구입 주기가 있으니 좀 더 저렴하게 사는 방법을 찾아볼 수 있습니다. 배고픔을 느끼거나 부정적인 감정에 사로잡혔을 때 충동적인 지출을 하는 패턴을 파악했다면 이러한 소비를 줄이거나 없애기 위해 노력할 수 있습니다.

현명하게 지출하는 감각을 기르기 위해 한 가지 더, 저축에 대한 개념을 새롭게 세우고자 합니다. 저는 시 바소득과 재능소득에서 생활 비용을 제외한 모든 돈은 자본소득을 얻기 위해 투자하기 때문에 본래는 저축할 필요가 없는데요. 부정기적으로 큰 지출이 필요한 상황이 생길 때는 저축을 합니다. 가령 새로운 휴대폰을 사거나 여름 휴가를 떠나는 등의 경우입니다. 올해 7월에는 기존에 쓰던 아이맥에서 M1 뉴 아이맥으로 바꾸었습니다. 약 2백만 원 정도 필요했기 때문에 몇 달 전부터 저축 금액을 정했는데요. 기존 아이맥을 80만 원에 중고로 팔고 한 달에 40만 원씩 3개월 동안 저축해 뉴 아이맥을 살 수 있었습니다.

이럴 때 유용한 서비스가 카카오페이의 '버킷리스트'입니다. 목표 금액을 입력하고 기간을 설정하면 자동으로 지정 계좌에서 돈을 인출해 버킷리스트 통장에 입금하는 서비스입니다. 증권사 계좌를 사용하는 카카오페이 버킷리스트 통장은 CMA 통장과 같아, 예적금과 달리 하루만 넣어도 약 연 0.6%의 이자가 붙기도 합니다. 지금도 남편의 생일이 있는 12월에 선물을 사기 위해 매주 15,000원씩 저축해 목표 금액 50만 원을 모으고 있답니다. CMA 통장을 통해 저축하기를 추천드리는 것은 만약 입금하지 못하더라도 예적금처럼 우대 이율이 깎이지 않을뿐더러, 중간에 돈이 필요해서 해약하는 경험을 하지 않아도 되기 때문입니다. 예적금을 깨는 경험은 '나는 저축하지 못한다'는 부정적인 머니스크립트를 형성할 수 있습니다. 저축은 충만한 지출을 위해서 모으는 과정입니다. 그런 저축이 즐겁지 않다면 지출 역시 좋은 결과를 낳지 못할 것입니다. 그러니 스스로 좀 더 즐거운 저축 방법을 찾아보세요. 금융회사의 서비스를 이용해보는 것도 추천합니다. 커피를 마실 때마다 돈을 모아도 좋고, 매월 급여일에 특정 금액을 CMA 계좌로 자동이체해버리는 방식도 좋습니다.

스스로 유연하게 지출을 관리하고 있다는 판단이 들면 소비 욕망을 좀 더 들여다보는 기회를 주는 것도 지출에 대한 감각을 키우는 방법이 됩니다. 저는 인스타그램이나 모바일 쇼핑 앱을 보다 마음에 드는 물건이 있으면 캡처하여 위시리스트 폴더에 저장해둡니다. 단순히 예뻐서 갖고 싶은 경우가 많지만 의외로 반복적으로 캡처하게 되는 아이템도 있습니다. 이렇게 소비 욕망이 꾸준히 쌓인 물건은 실제 구매까지 이어지고 지출 만족도가 높은 편입니다. 반면 눈에 들어왔지만 시간이 지나니 생각나지 않아 위시리스트 폴더에서 지워지는 아이템도 많습니다. 이렇게 순간적인 욕망을 받아주되 스스로 관리할 수 있는 체계를 만들어두면 더 나은 지출을 하는 사람이 될 수 있습니다.

끝으로 돈을 인격체로서 마주하기 위해 저는 매일 '머니로그'를 쓰고 있습니다. 머니로그는 오늘 하루 들어온 돈, 나간 돈, 투자하(고 싶은)는 돈, 쓰고 싶은 돈, 나누(고 싶은)는 돈의 내역과 그에 대한 생각, 감정을 기록하는 건데요. 그 중 나간 돈이 지출에 해당합니다. 나간 돈을 적을 때는 감정을 꼭 기록하는 편인데요. 가령 택시비를 지출하였을 때 약속에 늦어서 타는 택시와 짐이 무거워서 타는 택시에 지불하는 감정이 다를 수밖에 없기 때문입니다. 머니로그에 대해서는 4장에서 자세하게 말씀드리겠습니다.

단단하게 투자 철학 세우기

세상이 여성에게 요구하는 아름다움을 따라가기 위해 부단히 기를 쓰고 싶지 않다. (⋯) 내가 원하는 '미의 기준'에 맞춰 살고 싶다. 남과 비교하는 게 아니라 오늘은 어제보다 좀 더 나은 내가 되기 위해 노력하고 싶다.*

투자는 왜 해야 할까요? 저에게 질문하신다면 인생에는 세 가지 돈이 필요하기 때문이라고 답하겠습니다. 저는 이 세 가지 돈을 주거 종잣돈, 생활 종잣돈, 취향 종잣돈이라고 부르는데요. 20세기 버지니아 울프에게 연간 5백 파운드의 돈과 자기만의 방이 필요했듯, 21세기 버지니아 울프에게는 매월 5백만 원의 비(非)시바소득(비근로 소득)과 자기 명의의 집이 필요하기 때문입니다. 이를 얻기 위해선 투자 외에 다른 방법이 없기에 무조건 투자를 시작해야 합니다. 앞서 말씀드렸듯 저는 정기

---

* 이영미 지음, 『마녀체력』, 남해의봄날, 2018, 176쪽.

투자의 뫼비우스 띠

언제, 어디에, 얼마큼 투자할까? 탐구

실행 지금, 여기에, 이만큼 투자하자!

적인 지출을 제외하고는 모든 소득을 투자해야 한다고 생각합니다.

투자란 자산을 늘리기 위한 행동을 의미하며, 탐구와 실행의 영역으로 나눌 수 있습니다. '어떤 분야에 투자할 것인가'를 알아보고 공부하는 과정이 탐구, 해당 투자 영역에 대해 확신하고 시점을 고민해서 시작하는 것이 실행입니다. 탐구와 실행은 일회적이지 않고, 뫼비우스의 띠처럼 순환하며 반복하는 지속적인 행위입니다. '언제, 어디에, 얼마큼 투자할까?'에 대한 나만의 투자 철학을 세우는 탐구 과정은 상당한 시간을 요합니다. 반면 투자를 실행하는 시간의 총량은 이에 비해 적을 수밖에 없습니다. 결국 투자의 양상은 한쪽으로 치우친

뫼비우스의 띠 모양이 됩니다. 하지만 실행 횟수가 적다거나 주기가 길다고 해서 부족한 투자를 하고 있는 것은 아닙니다. 중요한 건 탐구와 실행을 멈추지 않고 끊임없이 반복하는 것입니다.

이렇게 마라톤과 같은 투자를 잘하기 위해서는 나만의 투자 철학을 세워야 합니다. 투자에는 위험이 따르기 때문에 어떠한 상황에도 흔들리지 않는 나만의 투자 철학이 반드시 필요합니다. 투자를 멈추지 않고 계속하기 위해서는 무엇보다 자신에게 잘 맞는 방향과 속도를 반영한 투자 철학을 세워야 하는데요. 그럼 어떻게 나만의 투자 철학을 제대로 세울 수 있을까요?

첫째, 자신의 머니스크립트를 제대로 알고 위험도에 따른 투자 성향을 파악해야 합니다. 머니스크립트의 긍정·부정 정도가 투자에 미치는 영향이 크기 때문입니다. 주식 투자 실패 경험이 있는 부모를 둔 자녀는 대부분 주식 투자는 위험하고 절대로 해선 안 되는 것이라 생각하게 되죠. 이를 이겨내고 투자를 시작하게 해주는 것은 작은 투자 성공 경험입니다.

저는 코인 투자에 대한 부정 머니스크립트가 강했습니다. 아무 근거 없는 사기 같았거든요. 하지만 엄연히

거래소가 존재하고 대안 화폐로서 충분히 공부해볼 만한데 모른 채 지나간다면 투자 기회를 놓치는 게 아닐까 걱정되었습니다. 그래서 코인 투자 관련 책을 읽고 유튜브 강연을 들으며 가장 대중적인 비트코인을 두 달간 매일 5천 원씩 사보기로 했습니다. 두 달 동안 거래 수수료를 제외하면 총 30만 원의 자본이 들어간 셈인데요. 적게나마 내 돈이 들어갔으니 관심을 쏟고 공부하지 않을 수 없었습니다.

어떤 날은 −15% 이상 빠지기도 했는데요. 스스로 다짐한 두 달간은 손해를 보더라도 매일 매수했습니다. 두 달이 되자 +10% 수익으로 전환되었습니다. 저는 전량 매도한 후 더 이상 코인에 투자하지 않았습니다. 3만 원 정도 수익이 났고 제가 매도한 이후부터 코인은 계속 올랐지만, 왜 오르고 내렸는지 알 수 없다는 점에서 제 성향에 맞는 투자는 아니었기 때문입니다. 그리고 암호화폐와 NFT(대체 불가능 토큰)에 대해 다시 공부하기 시작했습니다. 지금은 일단 그만두었지만 좀 더 명확히 알게 된 뒤에는 다시 코인 투자를 시작하게 될지도 모르겠습니다. 내게 맞는 투자 방법인지 아닌지 알아보려면 이렇게 정해진 기간 동안 소액으로 실행해보면 좋습니다. 부동산 투자는 이렇게 실험해보기가 쉽지 않으니 더 철저한 탐구 과정이 필요한 것이고요.

둘째, 투자의 탐구 과정에서는 기회비용과 매몰비용을 최대한 계산하되 실행한 이후에는 절대 생각하지 않습니다. 어떤 선택으로 인해 포기한 기회들 중 가장 큰 가치를 가지는 것을 기회비용이라 합니다. 가령 부동산 투자와 주식 투자 중 하나를 선택하면 다른 선택은 포기하게 되니 포기한 투자 수익이 기회비용이 됩니다. 매몰비용이란 의사결정한 이후에는 되돌릴 수 없는 비용으로, 만약 부동산 투자를 선택했다면 적어도 취득세와 중개수수료는 되돌릴 수 없는 매몰비용이 되겠지요. 기회비용과 매몰비용은 시간이 지나고 아무리 후회해봐야 다음 투자에 도움이 되지 않습니다. 오히려 잘못된 투자를 했다는 자책감에 빠져 투자에 대한 거부감이 생길 수 있죠. 그러므로 '충분히 탐색한 후 실행했다면 기회비용과 매몰비용은 잊는다.'는 투자함에 있어 꼭 염두에 두어야 할 사항이라고 생각합니다.

저는 2021년 상반기 주식 투자 내역을 결산하면서 가장 후회하는 종목으로 '구글(알파벳)'을 뽑았습니다. 작년에 매수한 주식을 연초에 매도했는데, 수익을 얻긴

했지만 매도한 이후 더욱 상승했기 때문입니다. 하지만 저는 왜 일찍 팔았을까, 라는 자책에 빠지기보다는, 이 주식을 판 돈으로 다른 투자 기회를 얻었다고 생각하기로 했습니다. 실제로 이후 애플, 아메리칸 타워, 도큐사인 등 더 수익률이 좋은 종목을 만날 수 있었습니다.

이러한 과정을 거치며 저만의 투자 철학을 세울 수 있었는데요. 그 내용은 다음과 같습니다.

〈볼리의 투자 철학〉

1. 투자(탐구와 실행)를 절대 멈추지 않는다.

2. 잘 모르는 투자는 충분히 탐구(공부)하기 전까지 절대 실행하지 않는다.

3. 투자금을 안전한 투자처와 위험을 감수할 투자처에 8:2의 비율로 배분한다.

4. 모든 투자에 있어 최종 결정은 투자 파트너(배우자)와 상의한 뒤 내린다.

5. 모든 투자에 진심으로 임하고 놓쳐버린 기회는 돌아보지 않는다.

저의 투자는 언제나 진행형입니다. 투자는 탐구와 실

행으로 구성되므로 매일 실행하지 못하면 매일 탐구하면 됩니다. 주식 한 종목에 대해 알아보는 것도 탐구고, 내가 살고 있는 지역의 아파트 최근 실거래 가격을 찾아보는 것도 탐구입니다. 당장 실행하지 않더라도 매일 쌓은 탐구는 이후 좀 더 나은 투자를 선택하고 결정하는 데 도움을 주기 때문입니다. 저는 매일 아침 날씨를 알아보듯 뉴욕 마감 기사를 확인합니다. 미국 주식에 투자하고 있으니 밤새 어떤 일이 일어났는지 신문 기사를 통해 확인하는 것입니다. 또한 한 달에 한 번 정도 집 앞 부동산을 찾아가 내가 살고 있는 아파트에서 나온 매물이 있는지, 얼마쯤에 내놓았는지 물어봅니다. 이 과정이 당장 자산을 불려주진 않겠지만 투자의 감각을 키워주기 때문입니다.

금융 전문가가 아니다 보니 저 역시 낯선 금융 용어와 어려운 금융 상품의 늪에서 막연함을 느끼곤 합니다. 사회 초년생 때는 주로 주거래 은행 창구 직원이 추천해주는 상품에 가입하곤 했습니다. 어디에 투자하는지조차 정확히 알지 못한 채 그저 기다리면 높은 수익률을 거둘 것이라고 믿었죠. 하지만 돈을 벌어도 왜 버는지 잃어도 왜 잃는지 모르기 때문에 이런 방식의 투자는 도박과 다를 바 없습니다. 그래서 저는 충분히 공부하기 전까지는 절대로 섣불리 투자를 시작하지 않습니다. 선물옵션이나 생활숙박시설 및 지식산업센터 투자가 제게는 그렇습니다. 요즘 저는 부동산 경매 공부를 시작했습니다. 일반 매매와 어떻게 다른지, 무엇을 준비해야 하고 어떤 위험과 기회가 있는지 제대로 알게 되었을 때 꼭 도전해보고 싶은 투자이기 때문입니다.

안전한 투자를 중시하는 저는 '8:2 법칙'을 세워 비교적 안전한 투자처에 8할을 투자합니다. 사실 나머지 2할도 완전히 모르는 곳에 투자하는 게 아니고 좀 더 위험을 감수할 수 있다는 의미라, 사실상 저는 거의 모든 자산을 안전하게 투자하려 합니다. 그래서 8:2 법칙의 또 다른 의미는 '8할의 장기 투자와 2할의 중단기 투자'라고도 말할 수 있습니다. 만약 제가 1백만 원으로 주식 투자를 한다면 8할은 평생 가져갈 수익금과 배당금을 고려하여 투자할 것이고 2할은 현재 떠오르는 산업 분야를 골라 미래에 투자할 것입니다. 영업이익이 아닌 잠재적 가치를 보고 투자한다는 것은 위험을 안는 일이기 때문에 손해가 발생하면 투자 실패를 인정하고 빠져나와야 합니다. 제게는 최근에 투자한 미국의 도큐사인과 질로우가 '위험을 감수할 만한 투자 종목'이었는데요. 각 +20%, −15%라는 수익률로 투자를 끝냈습니다.

투자를 위한 탐구는 스스로 하지만, 실행하기 전에는 의사결정을 위해 반드시 남편과 상의합니다. 투자하는 자본의 크기에 따라 경중은 다르겠지만, 금액이 적건 크건 상의하는 과정은 반드시 거칩니다. 투자 파트너가 있다는 것은 내 생각과 관념에 매몰되지 않고, 더디고 지치는 장기 투자를 함께 이겨낼 수 있다는 것입니다. 설령 투자에 실패하더라도 대화를 통해 다음번에는 더 나은 선택을 할 수 있도록 복기하는 것이지요. 얼마 전 남편과 지금 살고 있는 아파트를 임대하여 그 보증금으로 투자하는 방식에 대해 이야기를 나눠본 적이 있습니다. 최근 전셋값이 오른 만큼 더 많은 수익금을 기대할 순 있겠지만, 지금 사는 곳보다 불편한 환경으로 이사를 가야 하고 출퇴근 시간이나 아이의 어린이집도 바꿔야 하기 때문입니다. 투자를 마냥 장밋빛으로 전망하는 것을 경계하고 우리가 감수해야 할 위험과 어려움도 이야기할 수 있기에 주변에 투자 파트너를 둘 것을 권합니다.

투자 기회는 쉽게 찾아오지 않습니다. 태도가 준비되어 있어야 하고 타이밍도 잘 맞아야 합니다. 투자처도 사람처럼 인연이 있다고 생각합니다. 아무리 좋은 투자처라 해도 나의 조건과 상황에는 맞지 않을 수 있으니까요. 또 저는 모든 투자에 있어 항상 준비된 태도로 임합니다. 부동산 투자를 위해 임장을 다닐 때는 가능한 편안한 복장에 운동화를 신고 가지만 실제 매물을 보거나 계약하러 갈 때는 최대한 옷을 갖춰 입습니다. 주식 투자를 할 때도 항상 똑바로 앉아 목표 금액을 확인한 후 때를 맞춰서 매매합니다. 그리고 놓쳐버린 기회에 대해서는 인연이 아니었다 생각하고 아쉽지만 빠르게 잊으려 합니다. 얼마 전 나온 월세 아파트 매물이 좋아 계약 의사를 밝혔지만 집주인은 다른 사람과 계약을 맺었습니다. 너무 아쉬워 기운이 빠졌지만 심기일전하던 중, 저녁 산책을 하다 우연히 들른 부동산에서 다른 매물을 발견했습니다. 그렇게 그 아파트를 계약하며 저와 인연이 닿는 투자처를 찾았습니다.

우리는 뚜렷한 학습 목표와 반듯한 공부 습관을 가진 학생이 대입 시험에서 좋은 성적을 거둔다는 것을 알고 있습니다. 투자도 마찬가지로, 확고한 목표와 단단한 투자 철학을 갖춘 투자자가 결국 최선의 결과를 얻을 것입니다.

나의 재능을 자본화하는 법

여러분은 지금 속한 회사에서 받는 월급을 제외하고 자신의 재능을 기반으로 벌 수 있는 돈이 얼마나 되나요? 꾸준하게 들어오는 재능소득(플랫폼 소득)이 한 달에 10만 원 이상 된다면 이미 재능을 자본화하는 과정에 있을지 모릅니다. 앞서 재능소득은 한 번 수익이 되는 재능이 만들어지면 이후부터는 더 적은 시간이 들거나 시간을 들이지 않더라도 수익이 생기는 구조를 기반으로 한다고 말씀드렸습니다. 저는 재능이란 '플랫폼에 거래할 수 있는 지식, 경험, 영향력'이라고 정의하고 싶습니다. 전문성도 중요하지만, 지금 사람들이 필요로 하는 것을 제공하며 그것이 팔릴 수 있도록 플랫폼 내에 잘 진열해놓는 것까지가 재능이 아닐까요? 그렇기 때문에 재능소득은 부업이나 아르바이트로 얻는 부수입과 다르며, 미래의 부를 가져와줄 존재로서 기능하게 됩니다. 그럼 어떤 재능이 돈이 되고, 어떻게 미래 수익을 얻는 사람이 될 수 있을까요? 저는 플랫폼에서 팔리는 재능은 크게 세 가지 유형이 있다고 생각합니다.

1. 남들보다 조금 먼저 배운 지식과 경험을 콘텐츠로 만드는 재능

급변하는 시대 속에서 가장 많아진 것은 준전문가가 아닐까 싶습니다. 새로운 시스템에 일찍 적응하고 남들보다 조금 빠르게 능숙해질 수 있다면 자신보다 조금 느린 사람을 가르칠 수 있습니다. 지식의 깊이나 경험의 폭이 넓지 않아도 콘텐츠로 만들어 플랫폼에서 팔리게 한다면 그것이 바로 재능입니다. 재능마켓 플랫폼에서 시작해 소셜미디어에서 영향력을 갖추어 스스로 브랜드가 되기도 합니다. 혹은 같은 경험도 전혀 다른 시각이나 생각지도 못한 상상력을 더해 흥미로운 이야기로 만드는 크리에이터(creator)가 될 수도 있을 겁니다.

2. 남들이 귀찮아하고 불편해하는 것을
   해결해주는 재능

세상의 모든 서비스와 제품에는 페인 포인트(pain point)가 있습니다. 페인 포인트란 '사용자 경험이 중단되거나 나빠지는 순간'을 의미하는데요. 인간은 누구나 귀찮고 불편한 것을 싫어하기 때문에 이러한 점을 공략해 문제를 해결해주는 것이 재능이 될 수 있습니다. 사람들이 필요로 하는 정보를 유튜브 등의 플랫폼에 모아주거나 보기 쉽게 편집하는 능력이 될 수도 있고, 도그 워커, 화장실 청소 등 남들이 자주 찾는 서비스를 제공하는 것을 직업으로 만드는 능력이 될 수도 있습니다. 의외로 사소한 능력도 간혹 재능이 되는데요. 바느질을 못하는 사람에게 간단한 수선을 해주거나, 가구를 대신 조립해주는 것들이죠.

3. 남들이 자주 구매하는 것을 파악해서
   생산자와 연결해주는 재능

사고파는 플랫폼의 메커니즘을 잘 아는 사람들이 있습니다. 잘 팔리는 상품을 만들고 마케팅하여 실제 매출까지 이어지게 하는 능력을 가진 사람들입니다. 결국 팔 수 있는 사람이 돈을 법니다. 파는 물건이 자기 것이 아니라 해도요. 소셜커머스가 발달하면서 구매자의 니즈와 관심을 파악해서 상품을 등록하는 것이 재능이 되었습니다. 그들에겐 시의적절한 상품 소싱과 검색어를 잘 갖추는 것, 특히 플랫폼별 특징과 차이를 알고 차별화하는 것이 노하우로서의 재능이라 볼 수 있습니다.

저의 재능은 무엇일지, 어떤 재능을 자본화할 수 있을지 고민하다 먼저 내 안의 가장 나다운 것을 생각해보기로 했습니다. 지금까지의 커리어와 관련 없더라도 남들보다 힘을 덜 들이면서 자주 반복할 수 있는 일이 무엇일지 생각했고, 세 가지 재능을 발견했습니다.

<내가 쉽게 하면서도 남에게 도움을 줄 수 있는 일>

1. 판을 짜고 사람을 모은다. → 커뮤니티

2. 생각을 기획하고 글로 쓴다. → 콘텐츠

3. 새로운 것을 잘 배우고 가르쳐주려 한다. → 강연

이렇게 발견한 재능을 계발할 수 있는 일이 무엇일지

생각한 뒤, 북클럽을 운영해보기로 결심했습니다. 주변에 있는 사람들에게 '일하는 여성을 위한 북클럽'을 만들어보고 싶다고 화두를 던졌더니, 몇몇이 관심을 보였습니다. 함께 읽고 싶은 책과 합리적인 수준의 참가비를 조사했습니다. 제가 부담 없이 진행할 수 있는 조건을 생각해보고 월 1회 집에서 가까운 북카페에서 모이는 것으로 정했습니다. 읽을 책까지 정한 뒤 인스타그램으로 참가자를 모집했더니 몇 명이 더 신청했습니다. 책에서 함께 토론해보고 싶은 주제를 미리 선정해서 대화를 이어나가도록 했고, 북클럽을 마친 후에는 후기를 글로 정리하여 블로그에 올려두었습니다.

처음이라 서툴렀고 가끔 예상치 못한 문제에 직면하기도 했습니다. 버는 소득 대비 시간이 너무 걸린다는 생각도 들었습니다. '고작 이 돈 벌자고 이렇게 고생해야 하나?'라는 마음이 스멀스멀 올라왔지만, '1년의 딱 절반, 6개월만 해보자.' '3개월 하다가 힘들면 한두 달 정도는 쉬자. 그 대신 3년은 해보자.'라고 스스로를 격려했습니다. 그렇게 북클럽을 운영해온 지 벌써 올해 3년 차가 되었는데요. 힘들면 쉬어 가기도 하고, 참가자가 직접 운영자가 되어보는 세션을 만들기도 했습니다. 후기를 남기지 않는 세션도 더러 있었습니다. 목표한 기간까지 지치지 않고 유지하는 것이 중요했으니까요. 그사이 저는 모임을 진행하는 능력도 길렀지만, 줌(ZOOM) 프로그램을 활용해 비대면 북클럽을 운영해보는 경험도 얻었고, 다른 커뮤니티와 협업하는 재능도 생겼습니다. 게다가 처음 1만 원이던 참가비가 4만 원까지 올랐고, 고정 멤버를 확보하게 되어 운영 비용을 제외하고 매월 평균 12만 원 정도의 정기적인 재능소득 시스템을 갖추게 되었습니다. 책을 좋아하고 사람들과 이야기 나누는 것을 즐거워한다는 점을 잘 활용했기 때문에 그야말로 '좋아하는 일 하면서 돈 버는 경험'을 하게 된 것입니다.

물론 현재의 재능소득이 제 삶을 변화시킬 만큼 크진 않지만 앞으로 5년 뒤, 10년 뒤엔 지금보다 더 많은 소득이 될 수도 있습니다. 저는 재능소득 실험으로 '스스로를 고용할 줄 아는 사람'이 되어가고 있습니다. 아직은 막연한 목표지만, 시간이 쌓여 제가 가진 재능을 좀 더 능숙히 사용하게 되고 경제적 자유를 얻었을 때 '바다가 보이는 1인 북스테이'를 운영하는 제 모습을 그려봅니다. 어쩌면 그게 가장 나다운 일이며 제 삶의 의미일지도 모르겠습니다.

3장.

21세기 버지니아 울프의 세 가지 종잣돈

주거 종잣돈과 부동산 투자

"그때 집을 산 거예요?"

"샀죠. 그때 대출 끼고 몇 개 더 사뒀으면 좋았을걸."

나는 고개를 끄덕이고 말았다. 긴 시간과 노력과 비용을 투자했으니 그만한 보상이 따르는 게 당연하다고 생각했다.[*]

앞서 우리가 금융을 공부해야 하는 이유와 금융 에너지를 기르는 법에 대해 이야기했습니다. 이 장에서는 21세기 버지니아 울프를 꿈꾸는 우리에게 필요한 세 가지 종잣돈을 소개하고자 합니다.

첫 번째는 '주거 종잣돈'입니다. '평생 내 집 마련하기도 어려운데 무슨 주거 종잣돈이야?' 생각하실 텐데요. 사실 머물러 살 공간을 마련하기 위한 주거 종잣돈은 단기간에 온전히 마련하기가 어렵습니다. 그래서 처음부터 다양한 주거 계약 형태를 알아둬야 하는데요. 내

---

[*] 김혜진 지음, 「3구역, 1구역」, 『너라는 생활』, 문학동네, 2020, 22쪽.

가 살 집을 마련하는 방법은 크게 세 가지입니다. 월세(연세)로 살거나 전세(반전세)로 살거나, 매매(분양)를 하는 방법입니다. 자금 유동성 상황과 각자의 필요에 따라 주거 형태는 달라질 수 있습니다. 그렇기 때문에 주거 종잣돈을 반드시 '내 집 마련을 위한 돈'이라 여기기보다는, '현재 상황에 가장 잘 맞는 주거 형태를 찾아 규모와 운용을 바꿔가는 돈'이라고 보아야 합니다.

구분	월세(연세)	전세(반전세)	매매(분양)
장점	낮은 보증금 등	고정 소비의 축소 등	투자 자산으로서의 가치 등
단점	고정적인 월세 지출에 대한 부담 등	보증금을 회수 하지 못할 위험 등	세금, 이자, 세입자 관리 등

사회생활을 시작했을 때는 목돈이 없으니 보증금 4천만 원에 월세 40만 원짜리 반전세로 시작했습니다. 당시 저는 매월 고정적으로 나가는 월세가 아깝고 월세는 전세보다 나쁘다는 머니스크립트가 강해서 하루빨리 전셋집으로 이사하기를 꿈꿨습니다. 게다가 전세자금대출이라는 제도도 전혀 몰랐기에 무조건 모은 돈에 맞게 살 집을 구해야 한다고 생각했습니다. 무조건 월세

를 나쁘다 볼 게 아니라 대출 이자와 그 기간 동안의 다른 투자 수익률을 기준으로 월세가 유리한지 전세가 유리한지 철저하게 비교해봤어야 하는데 금융지능이 부족했습니다. 매월 월세가 나간다는 부담이 커 결국 3개월 만에 전세 7500만 원짜리 낡은 빌라로 옮겼습니다. 중개수수료와 이사 비용을 내야 했던 것은 물론, 반전세 살 때 기본 옵션으로 제공되었던 가구나 가전 등도 구매해야 했습니다. 게다가 매달 보증금 대출 이자도 내게 되었으니 상대적으로 좋지 않은 주거 환경에 살면서 더 많은 비용을 쓰는 오류를 범하게 되었던 것이죠.

사실 전셋집으로 이사한 뒤 빚을 갚기 위해 강제적으로 돈을 모으게 되는 장점도 있었습니다. 소비를 통제하지 못하는 사람은 오히려 전셋집에 사는 것이 고정 소비를 줄이는 계기가 될 수도 있습니다. 하지만 집주인에게 저당 잡힌 보증금은 다른 곳에 투자할 수 있는 기회비용이며, 돌려받지 못할 위험이 있음을 안다면 주거 종잣돈의 최종 목표는 전셋집이 아닐 것입니다. 주택을 주거 공간뿐 아니라 투자 기회를 얻을 수 있는 도구로 운용하려면 결국 우리는 집을 구매해야 합니다. 이때 기존 주택을 매수하거나 경매로 낙찰받거나 신규 주택을 분양받을 수 있습니다.

30대가 되어 결혼을 준비하면서 부동산이 현실로 다가왔습니다. 모아둔 돈이 없진 않았지만 어떻게 부동산을 공부하고 무엇을 매수해야 할지 전혀 알지 못했습니다. 당시 예비 신랑과 함께 서로 가진 자산을 공개하고 부동산에 대해 이야기를 나누었는데, 그 역시 세입자 생활을 오래 했기에 무조건 아파트를 매수하자는 입장이었습니다. 그리하여 우리의 자금에 보금자리 주택담보대출금을 보태어 아파트를 구입하기로 마음먹고 공부를 시작했습니다. 주변에 집을 사고 싶다고 알리니 부동산에 눈이 밝은 분들이 좋은 정보를 주기도 했습니다. 놀랍게도 당시 서울에는 미분양 아파트가 많았고, 좋은 조건으로 아파트를 매수할 수 있었습니다.

집주인이라는 타이틀을 처음 달아보면서 보증금을 제때 주지 않고 오히려 청소비 3만 원을 운운하던 원룸 주인의 태도가 생각났습니다. 남편과 이야기했습니다. 만약 좋은 집주인을 만났다면 우리가 우리 부부 이름으로 된 아파트를 살 수 있었을까, 라고요. 우리 부부는 세입자 시절 좋은 집주인을 만나지는 못했지만 그 덕분에 좀 더 일찍 집주인이 될 수 있었습니다. 그 생각을 하며 편안하게 잠을 잤던 기억이 납니다.

집값에 비해 모아둔 돈도 많지 않은데 부동산에 관심을 가져도 될지 의구심이 드실 테죠? 그래서 매매를 위한 주거 종잣돈은 단기가 아닌 장기 목표로 두고, '부동산 투자'라는 관점에서 준비해야 할 세 가지 마인드를 설명해드리고자 합니다.

첫째, 집은 내 돈과 남의 돈으로 살 수 있는 것입니다. 대부분의 사람은 집을 '내가 반드시 살아야 할 공간'으로 보고 지출 또는 투자의 개념으로 생각합니다. 그래서 대부분 '언제 월급 모아서 집 사지?' 생각하곤 합니다. 하지만 일단 부동산은 내 돈만으로는 매입할 수 없습니다. 전셋집에 들어갈 때도 전세자금대출을 받는데, 어떻게 내가 번 돈만 가지고 집을 살 수 있겠습니까? 일단 '모아서 산다'라는 개념부터 바꿔야 합니다. 그리고 조금씩 내 돈의 비율을 늘려간다고 생각하면 부동산 투자가 조금 가까이 느껴질 것입니다.

둘째, 내가 살(buy) 집과 살(live) 집을 구분해야 합니다. 사회 초년생이 연봉 대비 비싼 아파트에서 살(live)

필요는 없지만 살(buy) 기회는 있다고 생각합니다. 저는 연 3천만 원 이상의 소득을 3년 이상 유지했다면 주택 구입을 고려할 시점이 되었다고 생각하는데요. 좀 더 구체적으로 말씀드리면 연 소득의 20배 이내 가격의 주택은 구매 대상에 들 수 있습니다. 연봉이 3천만 원이라면 최대 6억 원 이하, 연봉이 8천만 원이라면 16억 원 이하의 주택은 구매를 검토하란 뜻입니다. 2021년 서울시 내 아파트 평균 전세가율(주택 구입 가격 대비 전세 가격 비율)은 약 50%인데요. 서울 외에도 수도권을 포함한 광역시의 전세가율이 수요와 공급의 원리에 따라 약 50% 수준을 유지하고 있습니다. 따라서 연봉 3천만 원인 사람이 6억 원짜리 주택을 구매하려는 경우, 3억 원은 전세입자의 보증금으로 충당한다 해도 나머지 3억 원은 대출받을 수 있어야 합니다.

이때 알아둬야 할 부동산 용어가 있습니다. 바로 주택담보 인정비율인 LTV와 총부채 상환비율인 DTI입니다. 6억 원짜리 주택을 구매할 때 은행은 6억 원을 모두 빌려주지 않습니다. 해당 주택을 담보로 가치를 산정해 최대 60~70%에 해당하는 금액까지만 대출할 수 있게 하는 것이 바로 LTV입니다. 다만 서울은 전 지역이

투기과열지구로 설정되어 있어 최대 50%까지만 대출할수 있습니다. 그래도 나머지 3억 원은 LTV의 50%에 해당하므로 모두 대출을 받을 수 있다고 가정합니다. 그럼 이제는 내가 얼마 동안 얼마씩 갚을 수 있는지 살펴봐야 합니다. 이때 기준이 되는 것이 연 소득입니다. 연간 대출 상환액을 연 소득으로 나눈 백분율이 40~70% 이내여야 합니다. 만약 주택담보대출금 3억 원을 30년 동안 갚는다고 하면 매년 상환해야 할 원금은 1천만 원입니다. 이자도 함께 갚아야 하기 때문에 연 이자 3%를 가정하면, 연간 대출 상환액은 1030만 원이 됩니다. 이를 연 소득으로 나눈 백분율을 구하면 DTI는 약 34% 로 안정적으로 대출이 승인될 것입니다. 따라서 연봉의 20배 이내 주택은 구매를 염두에 두시는 것도 좋습니다. 다만 전세자금대출을 받고 있다면 주택담보대출에 제한이 있기 때문에 주택 매수 시에는 주거 형태를 월세로 전환하는 것을 고려하시는 편이 좋습니다.

셋째, 앞으로 자산 가치가 높아질 주택에 대해 공부해야 합니다. 주거 공간의 자산 가치를 측정할 때는 대중적인 선호를 따라야 합니다. 사실 저는 아파트보다 전원주택에 살고 싶습니다. 넓고 층간소음이 없으며 구조가 획일적이지 않은 주거 공간이 제 취향이지만, 자산으로서 전원주택의 가치는 아파트보다 낮습니다. 부동산 투자에서는 나의 취향보다 남들도 좋아하는 기준으로 자산의 가치를 측정해야 합니다. 그에 따랐을 때 가장 가치가 높은 주거 형태가 아파트이며, 신축, 대단지, 브랜드 등 좋은 요소가 더해질수록 부동산 가치는 더 높아집니다. 저는 부동산 투자의 가장 중요한 기준 요소는 크게 네 가지로 1)입지 2)교통 3)학군 3)내부 환경(커뮤니티) 4)외부 환경(상권, 유해시설)이 있으며 이를 기준으로 점수를 만들어 비교해볼 수 있다고 생각합니다. 같은 가격이라면 좀 더 입지가 좋고, 교통이 편리하고, 학군이 우수하며, 상권 등의 환경이 잘 갖춰진 곳이 미래 가치가 높을 수밖에 없습니다.

기준을 설정해 해당 지역과 매물을 살펴보는 행위를 '임장'이라고 하는데요. 직접 현장에 가보는 발품도 중요하지만 그 전에 부동산 사이트에서 미리 정보를 알아보는 '손품 임장'도 중요합니다. 요즘엔 '네이버부동산' '호갱노노' '조인스랜드' 등 부동산 매물 정보를 볼 수 있는 서비스가 많아 손쉽게 내 예산에 맞는 매물 정보를 확인할 수 있습니다. 저는 다른 지역에 갈 일이 생기면 습관적으로 주변 아파트 시세를 알아봅니다. 따로 시간을 내 임장을 다녀오는 것도 좋지만, 이처럼 생활 속에서 부동산 시세와 입지를 확인하는 습관을 들이는 것도 부동산 투자 공부의 시작입니다. 그러다 보면 부동산을 보는 자기만의 관점이 생기고 예산 안에 들어오는 매물을 만날 확률도 높아집니다. 손품 임장으로 사전 조사를 한 뒤에는 반드시 직접 현장에 가보아야 하는데요. 중개 사이트에 올려놓지 않은 매물도 많을뿐더러 동네 분위기는 직접 가보지 않고선 느낄 수 없기 때문입니다.

끝으로 주택청약 기회를 준비해야 합니다. 준비 사항으로는 1)주택청약종합저축통장 개설 2)거주 지역 청약 예치금 및 납입 횟수 확인 3)세대분리를 통해 세대주 신고 4)주택청약 당첨 시 계약금 마련 계획 검토 등이 있습니다. 이 준비만 하더라도 해당 지역 거주 기간과 청약통장 납입 횟수 때문에 최소 2년이 걸립니다. 그래서 사회생활을 시작한다면, 아니 그 전이라도 무조건 가입해서 준비해두시는 게 좋습니다. 주택을 보유한 사람도 1주택자라면 기존 주택을 처분하는 조건으로 85제곱미터 이상 면적 청약이 가능합니다. 연 소득이 높고 부양가족이 없다면 공공분양이나 민간분양의 가점제보다는 추첨제를 노려보는 것도 전략입니다.

우리 부부는 이미 주거 종잣돈의 기틀을 마련했지만 남은 대출금도 많았고, 이미 조건을 맞춰둔 청약통장은 어떻게 해야 할지 고민되었습니다. 청약 제도를 공부하며 청약 점수로 뽑는 가점제와 자격을 충족한 사람들 중에서 일정 비율을 무작위로 뽑는 추첨제가 있다는 것을 알게 되었습니다. 우리 부부는 가점제로 당첨될 확률이 희박했기에 추첨제가 있는 아파트에 청약을 신청하기로 했습니다. 2016년에는 85제곱미터 이하 면적에도 추첨제가 적용되었기에 현재 살고 있는 59제곱미터(24평형) 아파트에 당첨되는 행운을 만났습니다.

아파트 청약에 당첨되면 건물을 짓는 동안 계약금(10%), 중도금(10%씩 6회), 잔금(30%)으로 분양 금액을 나눠 내게 됩니다. 계약금은 마이너스 통장 신용 대출을 받아 납부했고, 당시 무이자 중도금 대출 제도를 통해 분양권을 유지할 수 있었습니다. 2년이 지난 뒤에는 살고 있던 아파트를 팔아 잔금을 치르고 청약 아파트에 입주하였습니다. 그때 우리가 살고 있던 아파트의 가격은 미분양가보다 40% 이상 올라 청약 아파트 입주 시점에는 대출 없이 100% 우리 자산으로 들어갈 수 있었습니다. 최근에는 잔금대출 규제가 강화되어 청약에 당첨되어도 입주하기 어려운 경우가 많습니다. 이럴 때는 실거주보다 보유를 목표로 하고 전세입자를 통해 자금을 융통하는 방법도 생각해보아야 합니다. 부동산 정책은 빠르게 변화하기에 끊임없이 관심을 갖고 공부해나가야 합니다. 부동산 보유 여부를 기준으로 부의 양극화는 더욱 심화할 것이기 때문입니다.

청약은 부동산 자산을 획득하는 수단 중 하나입니다. 요즘엔 로또 맞는 것만큼 힘들다고 하지만 결국 확률 게임입니다. 나의 자금력과 전세가를 고려하여 적합한 지역과 매물을 계속 찾아보세요. 적당한 지역을 발견하면 해당 지역에 거주하면서 세대주 요건과 청약통장 조건도 갖추고요. 그러면서 가장 경쟁률이 낮은 타입에 계속 도전해보시기 바랍니다. 아무것도 안 하는 것보다는 당첨될 확률이 높을 테니까요.

생활 종잣돈과 주식 투자(배당금)

힘들게 번 돈, 더 잘 불려보려고 시작한 주식인데
찰나의 오판으로 마이너스를 보고 싶지 않았다.
(…) 이기는 투자, 돈을 잃지 않는 투자를 하고 싶었다.*

노년의 사중고로 '가난, 고독, 질병, 무위'가 있다고 합니다. 30~50년 뒤의 삶을 걱정하기 전 당장 청년의 삶부터도 녹록지 않습니다. 저는 청년의 네 가지 고통은 주거 불안(안락하고 안전하지 못한 주거 환경에서 사는 것), 관리하기 어려운 재무에 대한 공포(지금도 돈이 없지만 앞으로도 없을 것 같은 공포), 앞날이 보이지 않는 일과 삶에서 느끼는 두려움(내가 어떤 일을 하며 살아갈지, 누구와 함께하는 삶을 살지에 대한 두려움), 과도한 소셜 피로감(소셜미디어에 따라가야 한다는 부담감과 그 속에서 맺는

---

* 홍민지 지음, 『일희일비의 맛』, 드렁큰에디터, 2021, 62쪽.

관계에서 느끼는 피로)이 있다고 생각합니다. 그중 재무 관리에 대한 공포는 조금은 벗어날 방법이 있습니다. 두 번째로 말씀드릴 21세기 버지니아 울프에게 필요한 종잣돈은 바로 생활 종잣돈입니다.

앞서 「내돈내삶을 이룰 금융 에너지」에서 여덟 개 분류 기준에 따라 현재의 생활비 현황을 정리해보았습니다. 이제는 돌봐야 할 아이 한 명(윤우)과 반려동물 한 마리(바닐라)가 있기 때문에 '2인 1견'을 기준으로 각 항목별 생활 비용을 계산해보았습니다.

구분		계산 기준(근거)	볼리+윤우+바닐라
주거 유지비	주택 재산세	1주택, 공시지가 10억 원 기준 연간 약 3백만 원	250,000
	관리비	아파트 공용 관리비(59제곱미터 면적 기준)	150,000
	공과금	전기, 도시가스, 수도 요금 등	100,000
		소계	500,000
식비	필수 식비	90끼*5,500원*2인, 반려견 사료/간식	1,050,000
	기호 식비	30회*5,000원*2인 (배달비 포함)	300,000
		소계	1,350,000
교통/ 통신비	자동차 세금	2000cc 기준 연간 약 60만 원	50,000
	주유비(가솔린)	월평균 주유 횟수 3회(1회당 5만 원) 기준	150,000
	자동차 보험	2000cc 4천만 원 기준 연 60만 원	50,000
	대중교통비	40회*1,500원*2인	120,000

	인터넷/TV	인터넷/TV 결합요금제 기준	50,000
	휴대전화	알뜰통신사 무제한 요금제*2인	80,000
		소계	500,000
교육/ 문화비	교육비	학교, 학원, 학습지, 체험학습 등	300,000
	문화콘텐츠 구입 및 구독	도서, 넷플릭스, 왓챠 등	200,000
		소계	500,000
의료/ 생활용품 비	생활용품	치약, 샴푸, 휴지, 세제, 마스크 등	150,000
	미용/건강	화장품, 미용실, 반려견 미용, 운동용품 등	150,000
	의료비	진료비, 약값, 안경/렌즈 등	200,000
		소계	500,000
보장 금융비	국민연금보험	신고소득월액 3백만 원 기준	270,000
	국민건강보험 +장기요양보험	신고소득월액 3백만 원 기준	230,000
	개인보험	보장성 보험	150,000
		소계	650,000
관계 유지비	친목 도모/ 커뮤니티	친구, 이웃집 방문, 동호회 등	100,000
	경조사비	결혼식, 장례식 등	100,000
		소계	200,000
기타 예비비	수선비	주택, 자동차, 가전제품 등	500,000
	비상금	기타 비상비	300,000
		소계	800,000
		월 생활비	5,000,000

(단위: 원)

저는 주택 1채와 자동차 1대를 보유하고 있기에 유지비까지 고려해야 합니다. 항목별로 구분해두니 제게 필요한 생활 비용이 한눈에 보이는데요. 국민연금, 건강보험, 기타예비비를 제외하더라도 월 370만 원의 지출이 발생합니다. (국민연금은 나중에 돌려받겠지만 노인 인구가 증가하고 있는 만큼 과연 얼마나 받을 수 있을지 모르겠습니다. 그래서 소득보다는 지출로 분류했습니다.) 제게 있어 인간답게 살 수 있을 만큼의 생활이란 '밥 걱정, 집 걱정 없이 아플 때 적절한 진료를 받고, 스스로 부끄럽지 않도록 내면과 외면을 가꾸며, 가끔 소중한 사람들을 만나는 데 쓸 수 있는 비용'입니다. 여기에 아이와 반려동물이 있는 만큼 교육과 경험에 대한 비용도 포함했습니다. 이렇게 정리해보고 나니 매월 5백만 원, 못해도 최소 370만 원의 비근로 소득이 필요하겠다는 목표가 보였습니다.

앞으로 매월 이만큼의 생활 종잣돈이 소비될 것입니다. 이제 우리는 그 돈을 어떻게 마련할지 고민해야 합니다. 생활 종잣돈을 위해 투자할 때는 매월 현금을 받을 수 있는 인컴(income)형 자산을 고르는 게 중요합니다. 부동산이나 주식을 팔아 시세차익이나 수익금을 얻는 게 아닌 투자 대상 그 자체에 생기는 현금 흐름을 중시하는 자산을 말합니다. 부동산의 경우 월세가 나오는 집이나 상가가 될 테고, 주식의 경우 꾸준히 배당금이 나오는 배당주가 될 것입니다. 부동산 투자는 자본이 많이 들기에 저는 배당금을 기대할 수 있는 주식 투자를 권해드리려고 합니다. 배당금 기반의 주식 투자에 필요한 두 가지 마인드에 대해서도 설명해드릴게요.

첫째, 배당금을 목적으로 하는 주식 투자에서는 주식 수를 많이 모으는 것이 중요합니다. 저는 이것을 적립식 주식 투자라고 하는데요. 주수가 늘수록 배당금이 많이 나오니, 매월 주가에 관계없이 일정한 금액을 반복적으로 매수해나가는 방식입니다. 매월 급여 중 30만 원을 투자할 수 있다고 가정하면, 5만 원짜리 주식을 6주씩 매수할 수 있습니다. 물론 주가가 올라가면 매달 매수할 수 있는 주수가 줄어들겠지만, 급여가 오를 때마다 투자금 비중을 늘려 최대한 일정한 주수를 꾸준히 모으도록 해야 합니다.

둘째, 소득이 끊기기 전까지 배당금은 반드시 재투자해야 합니다. 적금이 만기되었을 때 만기 이자로 다음 납입을 하는 '풍차 돌리기'라는 기술이 있는데요. 복리 효과를 누릴 수 있는 방법입니다. 적립식 주식 투자에서도 이 방식을 그대로 적용할 수 있습니다. 배당금이 나오는 주식을 사면 배당일마다 주식 계좌로 세금을 제외한 배당금이 입금됩니다. 이때 배당금을 재투자하는 방식으로 주수를 늘려가야 합니다. 주식은 투자 원금의 가치도 오르고 배당률도 오르기 때문에, 배당금 재투자는 복리 효과를 극대화할 수 있는 방법입니다.

저는 고정 지출 금액을 빼곤 모든 소득을 투자금으로 둘 것을 권해드리는데요. 만약 2021년 현재 투자자가 소득 중 매년 1천만 원(약 월 83만 원)으로 주식을 꾸준히 매수한다면 얼마나 모을 수 있는지 계산해볼게요. 배당금이 나오는 우량주 중 '삼성전자우'라는 종목을 기준으로 30년간 적립식 주식 투자를 했을 경우를 계산해보겠습니다. 이때 주가는 2021년 10월 말 기준 65,000원으로 잡아 매년 5천 원씩 오르고, 배당금은 연간 1,500원(세후, 특별 배당금 포함)을 기준으로 매년 5백 원씩 오른다고 가정해보겠습니다.

30년 동안 매년 1천만 원씩 투자하면 투자 원금은 총 3억 원이고, 매년 받는 배당금까지 재투자하며 주식을

투자 종목				삼성전자우		
연간 투자 원금				10,000,000		
연도	연간 평균 주가	연간 매수 주식 수	연간 주당 배당금	연간 배당 수익금	재투자 주식 수	총 누적 주식 수
2021년(31세)	65,000	154	1,500	230,769	3	154
2022년(32세)	70,000	143	2,000	285,714	4	300
2023년(33세)	75,000	133	2,500	333,333	4	437
2024년(34세)	80,000	125	3,000	375,000	4	566
2025년(35세)	85,000	118	3,500	411,765	5	688
2026년(36세)	90,000	111	4,000	444,444	5	804
2027년(37세)	95,000	105	4,500	473,684	5	914
2028년(38세)	100,000	100	5,000	500,000	5	1,019
2029년(39세)	105,000	95	5,500	523,810	5	1,119
2030년(40세)	110,000	91	6,000	545,455	5	1,214
2031년(41세)	115,000	87	6,500	565,217	5	1,306
2032년(42세)	120,000	83	7,000	583,333	5	1,394
2033년(43세)	125,000	80	7,500	600,000	5	1,479
2034년(44세)	130,000	77	8,000	615,385	5	1,560
2035년(45세)	135,000	74	8,500	629,630	4	1,639
2036년(46세)	140,000	71	9,000	642,857	4	1,715
2037년(47세)	145,000	69	9,500	655,172	4	1,788
2038년(48세)	150,000	67	10,000	666,667	4	1,859
2039년(49세)	155,000	65	10,500	677,419	4	1,928

2040년(50세)	160,000	63	11,000	687,500	4	1,995
2041년(51세)	165,000	61	11,500	696,970	4	2,060
2042년(52세)	170,000	59	12,000	705,882	4	2,123
2043년(53세)	175,000	57	12,500	714,286	4	2,184
2044년(54세)	180,000	56	13,000	722,222	4	2,243
2045년(55세)	185,000	54	13,500	729,730	4	2,301
2046년(56세)	190,000	53	14,000	736,842	4	2,358
2047년(57세)	195,000	51	14,500	743,590	4	2,413
2048년(58세)	200,000	50	15,000	750,000	4	2,467
2049년(59세)	205,000	49	15,500	756,098	4	2,519
2050년(60세)	210,000	48	16,000	761,905		2,570
총 투자 원금	300,000,000					
보유 주식 수	2,570					
총 자산	539,733,382					

모으면 2050년에는 총 2,570주를 보유하게 됩니다. 그러
는 동안 주가가 올라 2050년에는 1주당 21만 원이 되었습
니다. 이제 자산 규모는 약 5억 4천만 원입니다. 물론 보유
주식은 팔아서 수익을 내거나 배당을 받지 않으면 실질적
자산이 아닙니다. 이제부터는 배당금을 생활비로 쓰게
되는 2051년부터 2065년의 배당액을 계산해보겠습니다.

종목명	삼성전자우		
보유 주식 수	2,570		
연도	연간 주당 배당금	연간 총 배당 수익금	월 환산 배당 수익금
2051년(61세)	16,500	42,407,623	3,533,969
2052년(62세)	17,000	43,692,702	3,641,059
2053년(63세)	17,500	44,977,782	3,748,148
2054년(64세)	18,000	46,262,861	3,855,238
2055년(65세)	18,500	47,547,941	3,962,328
2056년(66세)	19,000	48,833,020	4,069,418
2057년(67세)	19,500	50,118,100	4,176,508
2058년(68세)	20,000	51,403,179	4,283,598
2059년(69세)	20,500	52,688,259	4,390,688
2060년(70세)	21,000	53,973,338	4,497,778
2061년(71세)	21,500	55,258,418	4,604,868
2062년(72세)	22,000	56,543,497	4,711,958
2063년(73세)	22,500	57,828,577	4,819,048
2064년(74세)	23,000	59,113,656	4,926,138
2065년(75세)	23,500	60,398,736	5,033,228

(단위: 원)

이제 주식을 매수하지 않기 때문에 보유 주식 수는
고정되지만 매월 350만 원의 생활 종잣돈이 조성되었

습니다. 제가 75세가 되는 해에는 비근로 소득 5백만 원의 꿈을 이루게 되네요. 물가 상승을 고려하더라도 배당금 역시 매년 증가합니다. 노년까지 생활 비용을 마련해주는 황금알을 낳는 거위를 만든 셈이죠. 시간의 복리라는 투자의 마법을 믿고 노후에 생활 종잣돈이 되어줄 배당금 적립식 주식 투자를 시작해보시길 바랍니다.

그렇다면 어떤 종목을 골라야 할지 고민되시죠? 수익률과 배당성장률이 모두 높은 좋은 기업의 주식을 고르기는 쉽지 않습니다. 성장하는 기업은 주가는 오르지만 배당을 하지 않거나 적게 하고 점점 사양하는 산업의 기업은 배당률은 높지만 투자 원금이 떨어질 위험도 있기 때문입니다. 그래서 저는 국내 주식시장을 기준으로 1)시가총액 20조 이상 2)최근 3년 주가 상승률 20~100% 이내 3)시가 배당률이 안정적이고 배당 증가율이 높아지는 종목을 선택하고 있습니다. 적립식 주식 투자를 위해서는 매월 매수해야 하는데, 주수를 늘리기 위해서는 주가가 천천히 오르는 게 더 좋기 때문입니다. 몇 년 새 2배 이상 주가가 상승해버리면 주수를 늘리기 어렵고 수익금이 크다 보니 서둘러 팔고 싶어져 결국 장기 투자로 이어지기가 어렵습니다.

이해를 돕기 위해 국내 주식으로 설명해드렸지만 사실 배당주로서는 미국 주식이 더 매력 있습니다. 미국 주식시장에는 굉장히 좋은 비즈니스 모델이 많고 시장이 크기 때문입니다. 특히 미국은 주주 친화적인 기업이 많아 배당 성향이 강한 주식 종목이 많습니다. 국내 주식은 분기 배당이 많은 편이지만 미국 주식은 월 단위로 배당하는 종목도 자주 만날 수 있지요. 특히 미국 주식에는 배당률 못지않게 배당 성장률을 중요시하는 왕족 배당주와 귀족 배당주가 있습니다. 왕족 배당주는 50년간, 귀족 배당주는 25년간 배당 금액을 늘려온 종목입니다.

장기 투자에선 지각생이 없습니다. 30년을 투자하든 32년을 투자하든 무조건 길게 투자하는 사람이 승리합니다. 꾸준히 배당금을 재투자하다 보면 투자 금액이 복리로 눈덩이처럼 커져 더 빨리 은퇴하게 해줄 수도 있습니다. 내 노후 생활비를 주는 고마운 반려 주식이라 생각하며 꾸준히 키워보시길 바랍니다.

취향 종잣돈과 주식 투자(ETF)

"나는 가끔 생각한다. 마음 놓고 책을 읽을 수 있는 장소가
천국이라고." 서재는 울프의 낙원이었다. 그녀는 글을 쓰고
혼자 독백을 하는 시간만큼은 온갖 근심 걱정을 잊을 수
있었다. 글쓰기가 그녀의 삶을 지탱해준 것이다.[*]

　　주거 종잣돈과 생활 종잣돈이 있어 삶은 안정적이지
만 좀 더 윤택하고 풍요로운 일상을 위해서는 자신의
취향을 찾고 그것을 이뤄가는 여정이 있어야 합니다. 취
향의 사전적 정의는 '하고 싶은 마음이 생기는 방향'입
니다. 우리는 오래, 꾸준히 하고 싶은 방향성의 유형을
찾아야 하는데요. 저는 취향에는 크게 소비, 관계, 탐구,
창작, 봉사라는 다섯 가지 유형이 있다고 생각합니다.

---

[*]　타니아 슐리 지음, 남기철 옮김, 『글쓰는 여자의 공간』, 이봄, 2020, 22쪽.

1. 다양한 경험과 재화를 '소비'하는 취향

주로 더 나은 라이프 스타일을 위해 소비하는 사람들이 있습니다. 새로운 숙박을 경험하거나 최신 전자제품을 먼저 사서 사용하는 것을 즐기는 사람들입니다. 이런 사람들은 소비를 통해 자신의 경험치를 올리고 타인에게 공유하는 데서 만족을 느낍니다. 마케터나 남들보다 세련된 감각을 지닌 사람들이 이 유형의 취향을 갖고 있는 경우가 많습니다. 이들에게는 소비 자체가 자신에게 투자하는 행위이기 때문에 경제적 자유가 주어진다면 하이 엔드(high-end) 마켓의 재화나 서비스를 경험하고 싶다는 로망이 있을 것입니다.

2. 커뮤니티에 참여하여 사람과 '관계'를 맺는 취향

평소 사람을 초대하는 것을 좋아하거나 동호회와 같은 모임을 즐기는 사람들의 기저에는 누군가와 관계 맺고자 하는 욕망이 있습니다. 커뮤니티에 참여해 사람들과 의사소통하면서, 혹은 특정 주제의 지식이나 재화를 교환하면서 큰 만족감을 느끼는 사람들입니다. 이런 사람들은 소속감을 느끼며 느슨하면서도 영향력 있는 관계를 만들어가는 것이 취향이며, 자신의 인지도나 영향

력을 기반으로 하는 커뮤니티를 만들어가는 일에 로망
이 있는 경우가 많습니다.

3. 지식을 '탐구'하여 깊이와 폭을 넓히는 취향

아무리 큰 부가 있어도 학습 욕구가 강한 사람들은
결국 탐구에 시간과 돈을 쓰게 됩니다. 이들은 지식 그
자체에 매료된 사람들로, 새로운 언어를 배우거나 기술
익히는 일을 즐깁니다. 꼭 커뮤니티를 통하지 않더라도
지식 욕구를 해소할 수 있다면 충분하다고 생각할 수도
있습니다. 새롭고 다양한 취미를 만들거나 꾸준히 지식
콘텐츠 플랫폼을 구독하는 것이 취향이며 경제적 자유
가 주어진다면 부족함 없이 콘텐츠를 사거나 교육에 돈
을 쓸 것입니다.

4. 다양한 '창작' 활동으로 예술 감각을 키우는 취향

글 쓰는 것을 좋아하거나 손재주가 많은 사람은 결국
글을 써야 하고 무언가를 만들어야 합니다. 내면에 창
작 욕구가 가득한 사람들은 아무리 경험을 소비하고 관
계를 맺고 지식을 탐구해도 결국 최종 목적은 자신의
것을 만드는 데 있습니다. 최상의 결과물을 내지 못하

더라도 만드는 행위 자체에 몰두하는 이 유형의 사람들
은 창작을 위한 공간을 갖추는 것이 경제적 자유의 목
표인 경우가 많습니다.

5. 사회문제에 관심을 갖고 능력과 자본을 '봉사'하는 취향

사회문제에 관심이 많고 사회적 약자를 돕는 일에 소
명을 느껴 경제적 자유가 확보된다면 이들을 위해 일
하고 싶어 하는 사람도 있습니다. 학교나 재단을 만들
어 가장 관심 있는 사회문제를 해결하는 데 능력과 자
본을 쓰는 유형입니다. 이들은 자신의 철학과 가치관을
바탕으로 임팩트(impact)를 만들어내는 일에 로망을 느
끼며 자신의 부가 타인의 삶을 개선하는 데 쓰이기를
원합니다.

저는 위의 다섯 가지 유형 중 '관계'와 '창작' 혼합 취
향에 속합니다. 제 장래희망은 소설가이기에 사실 소설
을 꾸준히 쓸 수 있는 서재만 있어도 되지만, 책을 좋아
하는 사람을 만날 수 있는 공간을 운영하는 로망을 이
뤄보고 싶기 때문입니다. 그래서 경제적 자유의 목표와

이에 따른 취향 종잣돈을 아래와 같이 정리해봤습니다.

> **경제적 자유:** 바다 마을에서 북스테이 '바닐라 페이지'를 운영하는 소설가.
>
> **취향 종잣돈:** 100평 토지와 2층 건축물 구입 비용 및 북스테이 운영 비용.

현재 기준으로 취향 종잣돈을 대략적으로 계산해보겠습니다. 가장 많은 비용이 들어갈 토지와 건축 비용을 3억 원으로 잡고 초기 운영을 위한 비용도 포함하니 약 3억 5천만 원이라는 취향 종잣돈 목표가 생겼습니다.

> **토지 비용:** 약 1억 원(경매 물건 기준 평당가 60만 원, 취득세 및 수수료 포함)
>
> **건물 비용:** 약 2억 원(건물 매입 또는 건축(리모델링) 비용, 가구 및 전자제품 구입비 포함)
>
> **영업 비용:** 약 5천만 원(초기 운영 비용 및 예비비)

물론 위의 비용은 목표 금액을 산정하기 위해 어림잡은 것입니다. 취향의 형태와 규모에 따라 비용은 달라질 수 있습니다. 자신의 로망을 실현할 수 있는 취향 종잣돈의 규모가 어느 정도인지 미리 계산해보는 것과 그러지 않는 것은 큰 차이가 있습니다. 저는 조금은 한적한 바다 마을에서 여섯 명 정도 수용할 수 있는 작은 북스테이를 운영한다고 가정했으며, 특히 토지나 건물 비용은 경매를 통해 시세보다 저렴하게 매수할 것을 고려하여 산정했습니다.

그럼 취향 종잣돈을 위한 투자는 어떻게 하면 좋을까요? 저는 역시 주식 투자를 권합니다. 그중 아주 적은 비용으로도 투자할 수 있으며 장기 투자 시 기대수익률을 극대화할 수 있는 ETF 투자를 말씀드리고자 합니다. ETF는 Exchange Traded Fund의 줄임말로, 다양한 주가지수인 인덱스(index) 펀드를 마치 종목처럼 거래소에 상장하여 주식처럼 편리하게 거래할 수 있게 만든 상품입니다. 예로 KOSPI 200이나 NASDAQ 100 같은 시장지수의 수익률을 그대로 따라가는 방식입니다. 그래서 개별 종목보다는 특정 산업이나 상위 우량주 투자에 관심이 많은 분들에게 적합한 투자 종목인데요.

특히 미국의 나스닥 상위 종목처럼 한 종목 가격이 비싸서 주수를 늘리기 어려운 경우와 좋은 기업을 특정하기 어려운 경우 ETF 매수로 투자의 방향성을 잡을 수 있습니다. 금, 원유, 원자재와 같은 선물에 투자하는 ETF도 있어 위험하게 어려운 선물 상품에 들어가지 않고 ETF로 비교적 간접 투자를 선택하는 것도 좋은 방법입니다.

제가 취향 종잣돈을 마련하기 위한 투자 방식으로 ETF 장기 투자를 선택한 이유는 투자하는 자본이 소액이고, 가능한 신경 쓰지 않아도 되는 투자를 하기 위함입니다. 투자의 귀재 워런 버핏은 아내를 위해 미리 준비해둔 유언장에 '재산의 90%는 S&P500 인덱스 펀드에 투자하고, 나머지 10%는 미국 단기 국채에 투자하라'고 적었습니다. 자신이 죽고 난 후에 아내가 투자에 신경 쓰지 않도록 포트폴리오를 잡아둔 것입니다. 이처럼 대부분의 자본은 생활 종잣돈을 위해 적립식 배당주에 투자하되 남은 돈은 지수를 추종하는 ETF에 투자하면, 들여다보지 않더라도 먼 훗날 취향을 실현해주기에 충분한 종잣돈을 만들어주는 안정적인 투자가 될 것입니다.

매월 110만 원씩 투자한다고 가정해보겠습니다. 앞서 83만 원은 생활 종잣돈을 위해 투자하였으니, 남은 27만 원으로 취향 종잣돈에 투자하기로 합니다. 저는 'TIGER 미국 테크 TOP10 인덱스 ETF' 상품을 선택했습니다. 국내보다 시장이 크고 훌륭한 기업이 많은 미국 주식시장에서 빅테크 기업에 투자하는 걸 선호하기 때문입니다. 종목당 가격이 비싸 매수하기 어려운 구글, 아마존 등의 기업이 골고루 들어 있어 어떤 기업이 성장해도 좋습니다. 게다가 분기마다 성과를 측정해 상위 10개의 빅테크 기업을 리밸런싱하는데, 실적이 좋은 기업을 추종한다는 점이 안심됩니다. 미국의 지수가 지난 100년 동안 매해 평균 7% 성장했다고 하는데요. 그중 상위 10개 기업의 수익률은 좀 더 앞설 것으로 판단되어 ETF의 주가는 매년 18%씩 오르고 매월 29만 원어치의 주식을 매수한다고 가정하여 수익률을 계산해보겠습니다.

투자 종목	TIGER 미국 테크 TOP10 인덱스 ETF		
연간 투자 원금	3,240,000		
연도	연간 평균 주가	연간 매수 주식 수	총 누적 주식 수
2021년	13,000	249	249
2022년	15,340	211	460
2023년	20,340	159	620
2024년	25,340	128	748
2025년	30,340	107	854
2026년	35,340	92	946
2027년	40,340	80	1,026
2028년	45,340	71	1,098
2029년	50,340	64	1,162
2030년	55,340	59	1,221
2031년	60,340	54	1,274
2032년	65,340	50	1,324
2033년	70,340	46	1,370
2034년	75,340	43	1,413
2035년	80,340	40	1,453
2036년	85,340	38	1,491
2037년	90,340	36	1,527
2038년	95,340	34	1,561
2039년	100,340	32	1,594

2040년	105,340	31	1,624
2041년	110,340	29	1,654
2042년	115,340	28	1,682
2043년	120,340	27	1,709
2044년	125,340	26	1,735
2045년	130,340	25	1,759
2046년	135,340	24	1,783
2047년	140,340	23	1,806
2048년	145,340	22	1,829
2049년	150,340	22	1,850
2050년	155,340	21	1,871
총 투자 원금			97,200,000
2051년 수익금			342,976,239
2051년 수익률			352.86%

(단위: 원)

　매월 27만 원씩 잡으면 연간 324만 원어치 주식을 매수할 수 있습니다. 해가 갈 때마다 주가가 상승하여 살 수 있는 주식 수가 현저하게 줄어들지만 그럼에도 불구하고 30년이란 시간 동안 수익은 3.5배나 불어나게 되었습니다. 매월 27만 원을 ETF에 투자하면 30년 뒤에는 약 3억 4천만 원이 생겨 주거와 생활 비용 걱정 없이

제 취향대로 바다 마을 북스테이 운영을 추진할 기회를 얻게 되는 것입니다.

취향 종잣돈을 마지막으로 소개한 이유는 무엇보다 주거 종잣돈과 생활 종잣돈이 우선되어야 하기 때문입니다. 취향은 그야말로 취향일 뿐이니까요. 만약 기대보다 생활 종잣돈의 수익이나 배당률이 낮게 나오면 취향 종잣돈은 언제든 생활 종잣돈으로 써야 할 것입니다. 하지만 저는 취향 종잣돈을 만들어가는 사람이라면 남다른 노후를 보낼 수 있을 것이라고 확신합니다. 보다 나은 여생을 꿈꾸며 종잣돈을 준비하는 사람이니까요. 저는 제 취향과 로망을 이루기 위해서라도 부지런히 자본소득과 재능소득을 늘려가보려 합니다. 언젠가 이 책을 읽고 계신 분이 제 북스테이에 독서 취향을 누리러 오실지도 모르니까요.

월급으로 시작하는
종잣돈 마련 포트폴리오

씨 - 그 안에 무엇이 들어 있는지 쪼개어 알아내는 것이
아니라 심고 물을 주어 키워가며 알아내는 것.*

사실 현실에서 돈을 모아 불리는 일은 썩 아름다운 과정은 아닙니다. 매일 '이래 가지고 되겠어?'라는 생각이 들고 '어차피 얼마 안 되는데 다음 달부터 다시 할까?'란 마음이 생깁니다. 종잣돈을 만들어가는 과정에서는 교만에 빠지지 않는 것이 중요합니다. 적은 돈을 우습게 보고 시간의 가치를 낮게 보는 교만에 빠지지만 않는다면 우리는 누구나 세 가지 종잣돈을 마련할 수 있습니다. 세계적인 부자 워런 버핏 역시 그렇게 시작했기 때문입니다. 그는 돈을 모으는 것은 눈덩이를 언덕

---

* 김소연 지음, 『한 글자 사전』, 마음산책, 2018, 248쪽.

아래로 굴리는 것과 같다고 생각했습니다. 큰 눈덩이를 얻기 위해, 눈을 굴릴 때는 가능한 한 경사면이 긴 언덕에서 굴리는 것이 중요합니다. 그는 일명 '56년짜리 언덕'에서 투자의 눈덩이를 굴렸다고 말합니다. 그리고 그 시작이 되어준 작은 눈뭉치는 〈워싱턴포스트〉 신문을 돌려서 마련했다고 하죠. 이제부터는 현실적으로 작은 눈뭉치인 내 월급에서 어떻게 각 종잣돈을 차분하게 마련해갈 수 있는지 알려드리겠습니다.

1. 실수령액 160만 원 사회 초년생을 위한 투자 포트폴리오 (월 기준)

2021년 최저시급은 8,720원으로 209시간으로 환산하면 월급은 182만 2480원입니다. 세금, 국민연금과 건강보험을 비롯한 보험료를 제외하면 실수령액은 약 160만 원 정도가 될 것입니다. 개인의 상황에 따라 고정적인 생활비가 다르겠지만 80만 원으로 가정하면 매월 80만 원의 투자금이 생깁니다.

주거 종잣돈(65%): 주택청약통장(2만 원), 국내 및 미국 성장 주식(50만 원)

생활 종잣돈(25%): 국내 배당성장 주식(10만 원),

　　미국 배당성장 주식(10만 원)

취향 종잣돈(10%): 미국 주요 지수 ETF(8만 원)

　사회 초년생은 주택청약 자격을 갖추고 계약금을 마련하는 기간만 최소 3년은 필요합니다. 주택청약통장은 최소 납입금만 넣고 한국과 미국 주식시장을 기반으로 시가총액이 높으면서 성장하는 주식을 매수하는 것이 좋습니다. 생활 종잣돈은 배당주 종목을 골라 국내와 미국에 각각 넣어 매월 투자금의 25%를 가져가도록 합니다. 마시막으로 취향 종잣돈은 주거 종잣돈과 생활 종잣돈을 위한 주식을 매수한 뒤 남는 약 10%로 ETF에 투자하는 것을 추천해드립니다.

2. 실수령액 210만 원 임금노동자를 위한 투자 포트폴리오 (월 기준)

　〈2019 임금근로 일자리 소득 조사〉에 따르면 2019년 임금노동자의 평균 소득은 세전 기준으로 309만 원이라고 합니다. 하지만 남성 근로자의 평균 소득은 360만 원이지만 여성 근로자의 평균 소득은 236만 원으로

1.53배 차이가 납니다. 여성 근로자의 월평균 실수령액은 약 210만 원 정도가 될 것입니다. 앞서 실수령액 160만 원으로 출발한 사회 초년생이 시간이 흘러 연차가 쌓이고 연봉도 올랐다고 생각하고 투자 포트폴리오를 구성해보겠습니다. 사회생활도 활발해졌을 것이라 가정하고 고정 지출 규모를 늘려 1백만 원으로 가정하면 매월 110만 원의 투자금이 생깁니다.

주거 종잣돈(47%): 주택청약통장(2만 원), 국내 및
 미국 성장 주식(50만 원)
생활 종잣돈(45%): 국내 배당성장 주식(25만 원),
 미국 배당성장 주식(25만 원)
취향 종잣돈(8%): 미국 주요 지수 ETF(8만 원)

실수령액 160만 원 포트폴리오에서 상품은 바꾸지 않고 비율과 금액만 변경하였습니다. 결국 생활 종잣돈 영역의 투자 금액을 좀 더 늘려 투자를 유지하는 것으로 이해하시면 됩니다. 그리고 이때는 청약통장 납입 횟수는 채웠을 테지만 85제곱미터 이하 기본 예치금인 3백만 원을 채웠는지 반드시 확인하시기 바랍니다. 청

약을 신청하기로 결심하면 예치금은 마지막에 부족한 부분만 넣어도 되니 청약 공고일 전까지만 준비해두시면 됩니다. 이후 임금이 상승하거나 재능소득 및 투자소득이 발생하면 위 비율에 맞게 투자금을 늘려가시면 됩니다.

3. 고정적인 급여가 없는 프리워커와 경력보유 여성을 위한 투자 포트폴리오 (소득 입금 기준)

저는 코로나19로 다니던 회사에서 퇴사하게 되었고 현재까지는 실업급여를 받고 있습니다. 이 원고를 마무리하는 시점에는 조직에 속하지 않고 프로젝트 단위별로 일하는 프리워커로 살게 될 텐데요. 고정적인 급여가 사라지니 투자 포트폴리오를 어떻게 짜면 좋을지 고민되었습니다. 보다 현실적인 투자 금액을 산정하는 것이 중요했습니다. 매월 최소 투자 금액을 30만 원으로 산정하고, '투자 예비 통장'을 만들어 1년 동안 투자할 수 있는 금액을 미리 넣어두었습니다. 그리고 소득이 발생하면 그 통장에 돈을 넣어 투자가 지속적으로 이어질 수 있게 했습니다. 만약 돌봄 노동을 하고 있어 근로소득이 없다면 아동수당(매월 10만 원)과 양육수당(매월 최대 20만 원)으로 투자해보시길 권해드립니다.

주거 종잣돈(7%): 주택청약통장(2만 원)
 – 시바소득(노동) 입금 시
생활 종잣돈(67%): 국내 배당성장 주식(10만 원),
 미국 배당성장 주식(10만 원)
 – 재능소득(커뮤니티) 입금 시
취향 종잣돈(26%): 미국 주요 지수 ETF(8만 원)
 – 재능소득(콘텐츠) 입금 시

급여일이 따로 없다 보니 투자 시점은 소득이 입금되는 날을 기준으로 세우는 것이 좋습니다. 여러 곳에서 소득이 들어오는 경우에는 각 종잣돈별로 투자 시점이 달라도 무방합니다. 가령 고정적인 노동 소득은 주택청약통장에 납입되도록 자동이체를 걸어두고, 운영하는 북클럽 참가비가 입금되면 재능소득(커뮤니티)으로 분류해 생활 종잣돈에 투자하며, 콘텐츠 생산으로 발생한 재능소득(콘텐츠)은 취향 종잣돈에 투자하는 식으로요. 저는 비정기적으로 들어오는 재능소득(강연)은 생활 종잣돈의 크기를 빠르게 키우기 위하여 추가 투자

합니다. 그밖에 시간제 근무나 파트타임 아르바이트를 하시는 분도 급여가 입금되는 날에 투자할 종잣돈을 선정해 넣으시면 항목별로 골고루 투자하실 수 있을 것입니다.

세 가지 종잣돈을 마련해갈 때는 목적이 달성되기 전까지 최대한 투자를 무르거나 멈추면 안 됩니다. 만약 이번 달은 50만 원 투자할 수 있지만 다음 달은 20만 원밖에 못 한다면 애초에 20만 원으로 종잣돈 투자 계획을 세우시길 바랍니다. 작더라도 성공적인 투자 경험을 쌓아 긍정 머니스크립트를 만들어내는 게 중요하기 때문입니다. 소비와 마찬가지로 투자에서도 스스로 통제하고 유지하는 긍정적인 경험이 돈의 주인이 되는 초석입니다.

만약 이번 달 여윳돈이 생기면 CMA 계좌로 투자 예비 통장을 만들어서 넣어두세요. 혹시 투자 금액이 부족한 달이 생기면 이 예비 통장에서 투자금을 충당할 수 있습니다. 투자 금액을 맞추지 못해 죄책감이나 무력감을 느끼기보다는, 필요한 상황에 쓰고 예비 통장에서 투자를 충당하는 방식이 장기적인 투자에서는 더 좋습니다. 사소한 실패가 반복되는 경험을 하지 않고 장기 투자의 체력을 기를 수 있거든요.

　스스로 소비를 통제하는 힘을 기른 분이라면 가급적 좀 더 일찍 투자의 그릇을 키워서 빠르게 인생의 종잣돈을 채워가는 구조를 만들고 유지하는 연습을 하는 것이 좋습니다. 지금 당장 현재 월급에서 소비(저축)와 투자의 비율을 나눠 구체적인 금액을 정해보세요. 이러한 연습이 재정 위기가 닥쳤을 때 버티고 이겨낼 수 있는 기초 체력이 되어줄 테니까요.

에세이
한 걸음 앞선 금융언니를 찾아서

　20대의 저는 롤모델이 없어 일과 삶에서 방향을 잡아줄 누군가가 나타나길 늘 기다렸습니다. 물론 성공이 증명된 길을 따라가는 것도 쉽지 않지만 어쨌든 그 길의 끝엔 성공이 저를 기다릴 것이라 생각했습니다. 하지만 유리천장을 뚫고 대기업에서 주요 직책을 맡거나 자기 이름을 걸고 사업을 하는 선배 여성의 소식을 접할 때마다 멋지다고 생각하면서도 동시에 그들과 나의 간극을 확인하며 허탈함을 느꼈습니다. 대기업에서 비영리 단체로, 다시 스타트업과 사회적 기업 등 다양한 조직에서 일하며 수없이 방황했습니다. 그때마다 제게 용기를 준 사람은 성공가도를 달리는 멋진 롤모델 언니가 아닌 내가 가고 싶어 하고 궁금해했던 길을 한 걸음 정

도 먼저 간 언니들이었습니다. 화려한 수트를 입고 팔짱을 낀 채 미소 짓는 롤모델이 쓴 자기계발서보다는 내가 몸담은 커리어 섹터의 소소한 모임에서 저는 제가 가야 할 방향성과 구체적인 실행 방법을 찾을 수 있었습니다.

금융도 마찬가지가 아닐까, 라는 생각이 듭니다. 금융 공부에 있어, 롤모델이라는 판타지 대신 실용적인 레퍼런서를 필요로 하는 건 MZ세대의 성향이기도 합니다. 성공의 정점에 있는 경제·금융 전문가들의 거대 담론보다는 옆자리 대리님과 같은 현실 금융언니(금융 생활을 지속해가는 언니)의 자산 플랜과 투자 사례가 더 와닿을 테니까요. 그래서 저를 비롯한 많은 여성이 서로의 금융 레퍼런스가 되어주면 어떨까, 라는 생각이 들었습니다. 자신의 영역에서 금융을 공부하고 투자 철학을 만들어가는 한 걸음 앞선 금융언니를 발견하고 서로의 금융 생활 서사를 나눈다면 어떨까요? 그럼 금융이라는 막연한 판타지가 실용적이고 실천적인 문제로 다가오며, 다양한 소득을 확장하고 소비를 즐겁게 관리하며 투자를 지속하는 공부를 할 수 있을 것 같거든요. 그래서 요즘 저의 금융 레퍼런서가 되어주는 인스타그램

언니 몇 분을 소개해드릴까 합니다. 그들은 아직 인플루언서라 할 정도는 아니지만, 저는 그들의 발걸음을 따라 느리지만 멈추지 않는 걸음을 걷고 있습니다.

1. 매일 경제 기사를 읽고
독서를 지속하는 송아름 레퍼런서

매일 아침이면 카카오톡 오픈채팅방 이곳저곳에서 '오늘의 경제뉴스'라는 이름으로 약 30장에 달하는 카드 뉴스가 도착합니다. 매일 쌓이다 보니 3일만 놓쳐도 90장이 넘는 이미지를 봐야 한다는 부담감이 생겼습니다. 하루에 기사 하나를 읽더라도 매일 읽는 습관을 들이는 게 낫지 않을까 고민하고 있을 때 인스디그램에서 송아름 레퍼런서를 만났습니다.

송아름(@_areumsong) 금융언니는 〈매일경제〉 신문 1면을 중심으로 가장 중요한 기사 세네 가지를 스크랩하고 자신의 생각을 정리합니다. 어렵게 기사를 읽어주는 게 아니라, "SM 인수한 CJ ENM. 다양한 콘텐츠 기대 중 :) 근데 CJ 하면 비비고가 제일 먼저 떠오르는 사람은 나뿐인가?ㅋㅋ"와 같이 일상적인 말로 경제 기사와 자신을 연결하는 모습을 보여줍니다.

송아름 레퍼런서를 보면 기사를 읽는 습관은 물론 기사 내용에 따라 생각을 정리하는 법도 배우게 됩니다. 비록 한 번도 직접 만난 적은 없지만 인스타그램에서 만난 금융언니 덕에 저도 '경제기사 문장채집(@moonjangchazip)' 계정을 열어 경제 신문을 읽고 나만의 관점으로 해석하는 것을 연습하고 있습니다.

2. 소득 파이프라인 다각화를 시도하는 부자엄마 레퍼런서

우리는 절약하는 습관을 통해 가난에서 벗어날 수 있습니다. 하지만 그것만으로는 절대 부자가 될 수 없습니다. 저는 매일 쓰는 머니로그의 '들어온 돈'에 쓸 내용이 한 달에 한 번 받는 월급밖에 없는 상황을 벗어나고 싶었습니다. 그래서 소득 창출을 위해 노력하는 레퍼런스가 되어줄 금융언니가 절실히 필요했습니다.

인스타그램에서 만난 부자엄마(@bujaumma24) 금융언니는 '오! 이렇게도 소득을 만들어볼 수 있구나!' 감탄하게 해주었습니다. 특히 '네이버 스토어팜' 등 소셜커머스 플랫폼을 통해 얻는 수익에 대한 인식을 새롭게 할 수 있었습니다. 저는 오랫동안 소셜커머스 플랫폼에

관심을 가지고 있었지만 도전하기를 망설이고 있었거든요. 특히 부자엄마 금융언니는 저처럼 경력단절을 경험했음에도 연 매출 1억 원을 달성하여 '엄마의 경제적 독립'을 보여주는 레퍼런서입니다. 다양한 소득을 실험하는 제게도 많은 귀감이 되어주었습니다. 소소하지만 소중한 돈을 벌 수 있는 금융 이벤트도 자주 공유해주는데요. 매일 들어오는 작은 수익에 감사하는 긍정 머니스트립트를 쌓는 모습도 배울 수 있습니다.

3. 투자의 방향과 방법을 알고 즐겁게 실천하는 100불녀 레퍼런서

주식 투자를 하다 보면 '물타기(손실을 보고 있는 종목을 평균단가보다 낮은 가격에 추가 매수하는 것)'와 '불타기(수익을 내고 있는 보유 종목을 평균단가보다 높은 가격에 추가 매수하는 것)'의 딜레마에 빠지는 순간이 있습니다. 적립식 주식 투자를 하는 저는 물타기와 불타기를 모두 경험하게 됩니다. 그럼에도 수익률이 낮아지는 '불타기'는 심리적으로 정말 쉽지 않았습니다.

100불녀(@100.fire.girl) 레퍼런서는 투자하는 종목이 +100% 수익률이 되면 1주씩 추가 매수하는 콘셉트로

인스타그램 계정을 운영하고 있습니다. 그녀의 아이디
어에서 힌트를 얻어 요즘 저는 미국 주식의 경우 +25%
수익이 나면 추가 매수하는 불타기 전략을 진행하고 있
습니다. 100불녀 금융언니 채널은 불타기라는 콘셉트만
으로도 흥미롭지만, 어렵게 느껴질 수 있는 투자를 해
학적인 방식으로 풀어내어 콘텐츠도 무척 재미있습니
다. 투자 인사이트까지 얻을 수 있는 즐겁고 유익한 채
널이라고 생각합니다.

자신만의 금융 생활과 투자 철학을 찾아가는 금융언니들을 보면 크게 세 가지 배울 점이 있었습니다.

첫째, 더 자유로운 삶을 사는 것을 투자의 목적으로 하며 자신의 가치를 시간 단위로 계산합니다. 금융언니들은 투자의 기준을 자본금이 아닌 시간으로 두고 단기적인 투자와 장기적인 투자를 구분하고 있었습니다. 아무리 수익률이 좋은 투자처라 할지라도 물리적·감정적으로 시간을 빼앗기는 투자처를 고르지 않았고, 일상 속 금융 루틴을 유지하려 했습니다. 그리고 자본력 크기를 늘리는 것만큼 시간의 복리도 강력하다고 여겨 쉽고 빠르게 들어온 돈의 힘을 믿지 않았습니다.

둘째, 금융언니들은 넓은 의미의 레버리지를 실천하고 있었습니다. 이때 레버리지는 지렛대란 뜻으로, 부채를 끌어다 자산을 매입했다는 뜻이 아닙니다. 도서『레버리지』에 나온 부자의 행동을 따라가고자 노력하고 있었다는 것입니다. 이때 부자의 행동이란 앞서도 언급한 바 있는데, 인생에서 절대로 양보할 수 없는 한 가지 일이 무엇인지 알고 나머지는 다른 사람에게 위임하는 것입니다. 저는 레버리지란 '가치 있는 인생을 위해 반드시 해야 할 행동을 찾아가는 노력'이라고 생각했습니다.

저 역시 소설가라는 '쓰는 인간'이 되기 위해 이 일에 도움이 되는 시바소득과 재능소득을 찾아 파이프라인을 만들어가고 있으니까요.

마지막으로 금융언니들은 부와 운의 알고리즘을 이해하고 때를 기다리며 긍정 머니스크립트를 가꿔나가고 있었습니다. 도서『운의 알고리즘』에 따르면, 부자는 철저한 노력으로 투자를 준비하고 '때'를 기다리는 일에 전력을 다한다고 합니다. 어느 정도 실력을 갖추고 나면 이후에는 좋은 투자처를 만나는 일도, 나쁜 투자처를 피하는 것도 운에 따라 결정된다고 생각하기 때문입니다. 그래서 아무리 좋은 투자처라도 때가 아니면 절대 투자하지 않는다고 합니다. 저는 금융언니 레퍼런서들에게서 액운을 피하고 길운이 들어오는 때를 기다릴 줄 아는 자세와 나를 찾아온 투자처에 감사함을 느끼며 긍정적인 태도를 가지는 모습을 배울 수 있었습니다. 이렇게 만들어진 긍정 머니스크립트는 좋은 돈이 자꾸 찾아오게 하는 힘으로 연결되었습니다.

만약 지금 금융 공부가 막연하기만 해 누군가의 도움이 필요하다면 내 주변의 금융언니를 찾아보면 어떨까요? 조금만 관심을 가지면, 아니 내가 금융에 관심이 있다는 걸 살짝 드러내기만 해도 의외로 쉽게 금융 친구, 금융언니를 찾을 수 있습니다. 그들에게서 배우고 그들도 내게서 배우는 호혜적인 관계가 되어 서로를 돕게 됩니다. 그들의 이야기가 소중하고 가치 있는 이유는 이들이 걸어온 시간이 시행착오의 연속이었음에도 불안과 불신의 시간을 버티며 자기만의 방법을 찾아가고 있기 때문입니다.

각자의 고유한 금융 경험은 이제 막 시작하거나 어느 지점에서 막힌 이들에게 현실적이면서도 실용적인 레퍼런스가 되어줍니다. 저 역시 그들의 실패와 좌절을 온몸으로 느끼며 기꺼이 나의 고민과 걱정을 나눌 수 있는 용기를 얻었고, 이 책을 쓰는 날도 만나게 된 것 같습니다. 그들에게서 배운 것을 토대로 나쁜 습관을 줄여가고 좋은 습관을 반복해서 저 역시 누군가의 금융언니, 레퍼런서가 되어주고 싶습니다.

4장.

21세기 버지니아 울프가
되기 위한 금융 습관

금융지능을 높이는 금융 습관 만들기

자잘한 성공에서 비롯된 자신감, 나에게 기회를 주는 관대함.
이 두 가지가 맞물리며 불안한 와중에도 확신이 생겼다.
내가 좋아하는 게 무엇인지에 대한 확신이었다.[*]

    인생을 살다 보면 다양한 지능이 필요하지만 자본주의에서 가장 중요한 지능은 바로 '금융지능(FQ, Financial IQ)'이라고 생각합니다. 도서 『부자 아빠, 가난한 아빠』는 금융지능을 회계·투자·시장에 대한 이해, 법률로 구분해 '자본 기반의 투자 시스템을 이해하고 활용할 줄 아는 능력'이라고 했습니다. 훌륭한 정의지만, 제가 중요하게 생각하는 금융지능은 크게 두 가지입니다. 하나는 '재정적 어려움을 해결해나가는 지능'이고 다른 하나는 '장기적으로 더 나은 재무 의사결정을 할 수 있

---

[*]   사과집 지음, 『싫존주의자 선언』, 가나출판사, 2021, 172쪽.

는 지능'입니다.

　세계적인 금융 위기를 헤쳐 나가는 것도 필요하지만 일상에서 마주하게 되는 재정적 어려움을 해결할 줄 아는 것이 진짜 금융지능입니다. 금융지능이 뛰어난 사람은 감정적 두려움을 차치하고 문제 상황을 직시하며 문제 해결의 우선순위를 매깁니다. 어린 시절 살던 집이 가압류를 당하고 부동산 경매가 진행될 때까지 아빠는 아무런 대응을 할 줄 몰랐습니다. 그저 자신이 왜 이런 일을 당해야 하는지 한탄하며 억울함을 풀어줄 사람을 찾아다니는 데 시간과 에너지를 소모했습니다. 모든 걸 압류당할 위험에서 우리를 구해준 사람은 옆집 아주머니였습니다. 아주머니는 가압류 딱지 스티커가 붙은 뒤 물건을 이동하면 절도죄가 되니 그 전에 부피가 작으면서 현금화할 수 있는 물품을 자신의 집으로 옮기라고 말해주었습니다. 어차피 모든 빚을 당장 갚을 수는 없었고 다섯 식구가 입에 풀칠을 하고 생계를 유지해야 했기에 엄마는 그 말씀을 따랐습니다. 그때 옮겨둔 부모님의 결혼 예물과 현금화할 수 있는 물건은 우리 가족이 머물렀던 단칸방의 보증금이 되었습니다.

　재정적 어려움의 유형은 너무도 다양합니다. 실업으

로 정기적인 소득이 중단되거나, 세입자로 살고 있던 집이 경매로 넘어가 보증금을 돌려받지 못하는 경우도 생각보다 빈번합니다. 실업급여를 받는 절차를 소화하는 것을 비롯해 고정 지출과 투자금을 조정하는 것도 금융지능이며, 주택 임대차 계약 시 등기부등본으로 근저당 설정을 확인하고 전입신고를 하고 확정일자를 받아두는 것도 금융지능입니다. 보이스피싱이나 스미싱 등의 전자금융범죄를 당하지 않는 것도 금융지능이지만, 피해를 입었을 때 어떻게 해결하는지 아는 것이 진짜 금융지능입니다. (요즘은 그 수법이 너무나 교묘해져 아차 하는 사이에 피해를 입기가 쉬우니까요.) 전자금융범죄는 금융감독원에 피해 구제를 신청하면 피해 금액을 돌려받을 수 있으니 금융지능만 있다면 차분하게 해결해나갈 수 있습니다.

두 번째 금융지능은 장기적으로 더 나은 의사결정을 할 수 있는 능력입니다. 앞서도 말씀드렸지만 개인이 처한 상황에 따라 월세, 전세, 매매 등 주거 조건을 선택할 수 있습니다. 결혼 준비를 하며 신혼집을 구할 때도 교통이 편리하고 잘 꾸며진 예쁜 집을 찾는 것보다는 부부의 연 소득을 기반으로 대출 규모를 계산해 자산 가치를 가진 주택을 매매하는 것이 장기적으로 더 나을 수 있습니다. 주식 투자에서도 마찬가지입니다. 때에 따라 투자하지 않고 현금을 일정 비율 보유하는 것이 더 나은 의사결정이 되기도 합니다.

저는 원래 부동산 투자에 대해서만 공부하고 실천해오다가 2020년부터 주식 투자를 시작했습니다. 갑자기 주식 투자를 잘 알게 되어서가 아니라 부동산 규제 정책으로 투자 기대 수익률이 낮아지고 투자 상황도 나빠졌기에 더 나은 투자처를 찾아보다가 주식 투자에 입문하게 된 것입니다. 이처럼 금융지능은 단순히 투자하냐, 안 하냐를 넘어 더 나은 투자를 선택할 줄 아는 것을 의미하기도 합니다. 금융지능이 낮은 사람은 대부분 '마시멜로 하나짜리 사고방식'을 갖고 있습니다. 마시멜로를 먹지 않고 기다리면 얼마 뒤 하나를 더 가질 수 있는데 당장 눈앞의 달콤한 유혹을 이기지 못해 마시멜로를 먹어버리고 마는 것이지요. 물론 실패로부터 배우는 경험이 다음 의사결정에서 같은 실수를 반복하지 않도록 돕기도 합니다. 결국 금융지능은 언제나 더 나아질 수 있습니다.

금융은 정해진 법칙 없이 변화무쌍하게 움직이는 유

기체와 같다고 생각합니다. 끊임없이 변화하는 것에 대한 지능을 높이기 위해서는 계속해서 알아가고 들여다보아야 합니다. 이는 결국 긍정적인 재정 습관을 만드는 일이기도 한데요. 나쁜 습관을 끊어내고 좋은 습관을 반복해가면 습관이 복리로 쌓여 재정 위기를 해결하고 더 나은 재무 판단을 내리는 금융지능으로 돌아오기 때문입니다. 우리 뇌는 습관화된 행동을 할 때 그렇지 않은 행동을 할 때보다 더 적은 에너지를 소비한다고 합니다. 저는 금융 습관도 마찬가지라고 생각합니다. 처음에는 시간이 오래 걸리고 어렵고 귀찮게 느껴지지만 반복하다 보면 자연스럽게 체화되어 그에 쓰이는 에너지도 줄어듭니다.

　습관은 주기별로 다르게 설정할 수 있습니다. 저는 이 장에서 금융지능을 높이기 위한 매일 습관 머니로그와 문장채집, 매월 습관 소득기록장과 금융 커뮤니티, 매년 습관 경제적 자유 스케치와 금융 유언장 쓰기를 추천해드리고자 합니다. 매일 해야 하는 금융 습관에서는 많은 시간과 공을 들이는 것보다는 반복하는 것이 중요합니다. 머니로그는 매일 돈에 대한 생각과 감정을 기록하는 일기이며, 문장채집은 경제 기사를 읽고 기록으로 남기고 싶은 문장을 채집하는 것입니다. 또 어린 시절에는 용돈기입장을 썼지만 이젠 월초에 지난달 나의 소득은 언제 어떤 규모로 들어왔는지 유형별로 파악하는 소득기록장을 씁니다. 그리고 투자 공부를 이어나가기 위해 매월 북클럽을 직접 운영하거나 참여하여 금융 관련 책을 한 달에 한 권은 반드시 읽으려고 합니다.

매년 자산과 부채의 규모가 조금씩 달라집니다. 저는 현실을 파악하며 일 년에 한 번은 미래에 대한 로망과 사망을 대비하는 내용을 글로 남기려고 합니다. 경제적 자유를 온전히 이루었을 때 나는 어떤 일을 하고 있을지 꽤 구체적으로 상상해서 써봅니다. 그리고 언제나 죽음도 생각합니다. 비록 워런 버핏처럼 많은 유산을 남기거나 대단한 인사이트를 주진 못하겠지만 내가 죽고 난 후 남겨진 이를 위해 자산을 정리해보는 습관은 현재의 삶을 더욱 충만하게 해주기 때문입니다. 이렇게 쌓인 좋은 습관은 결국 나의 인생을 풍요롭게 한다고 생각합니다. 막연하고 모호한 금융의 세계에 발을 들이기로 결심하셨다면 저는 매일 습관부터 시작해보시길 권해드리고 싶습니다. 누구나 작은 습관을 통해 금융지능을 높여 돈의 주인이 될 수 있기 때문입니다.

매일 금융 습관: 머니로그와 문장채집

새로운 도전을 성공에 가깝게 하는 비법 중 하나는 바로 글쓰기다. (…) 기록을 하면서 경험을 되새기게 되고, 조금씩이라도 발전하는 느낌을 받게 되면 꾸준해지며 일상의 다른 부분과 유사한 패턴을 발견하면서부터는 나를 알아가는 글쓰기가 된다.[*]

　제가 소개해드릴 금융 습관 중 가장 필요하면서도 지금 바로 해볼 수 있는 것은 매일 습관입니다. 저는 운동선수처럼 매일 금융 루틴을 만들어 지키려고 노력하고 있습니다. 이젠 제법 익숙해졌지만 처음에는 너무 귀찮고 힘들었습니다. 하지만 좀 더 쉽게 할 수 있는 자기만의 방법을 만든다면 분명 금세 좋은 습관을 잡을 수 있을 거예요.

---

[*] 이다혜 지음, 『처음부터 잘 쓰는 사람은 없습니다』, 위즈덤하우스, 2018, 139쪽.

금융 습관 1) 머니로그 쓰기

『돈의 속성』을 쓴 김승호 대표는 '돈은 감정을 가진 인격체라 쥐고 있는 사람의 생각과 감정이 고스란히 전달된'고 말합니다. 저 역시 돈을 인격체이자 제 삶에서 중요한 것만 남길 수 있게 해주는 좋은 친구라 생각하기 위해 매일 '볼리의 머니로그'를 작성하고 있습니다. 머니로그는 돈에 대한 생각과 감정을 기록하는 일기라 보면 되는데요. 흔히 생각하는 가계부와는 다르고, 돈을 모으거나 아끼고자 쓰는 것도 아니랍니다.

저는 매일 네이버 블로그에 '볼리의 머니로그'를 다섯 개 카테고리로 구분해 작성해보고 있습니다.

1. 들어온 돈
 – 시바소득: 월급, 시간제 아르바이트 급여 등.
 – 자본소득: 주식 수익금 및 배당금, 부동산 월세 수익 등.
 – 재능소득: 콘텐츠 제작비 및 저작권료, 강의료, 판매 수익금, 광고 수익금 등.
 – 기타소득: 세금 환급, 기프티콘 또는 상품권 선물 받은 금액 등.

- 물품소득: 이벤트 경품, 당근마켓 무료 나눔 등.

2. 나간 돈

- 고정 지출: 주거비, 식비, 교통/통신비, 교육/문화비, 의료/생활용품비, 보장금융비, 관계유지비.
- 비고정 지출: 저축으로 모아서 쓰는 소비(가령 노트북), 기타예비비 등.

3. 투자하(고 싶은)는 돈

-주식 투자: 매수 종목 또는 관심 종목.
-부동산 투자: 주택청약통장 납입금, 손발품 임장 관심 지역 및 매물.
-기타 투자: 코인 투자, 미술품 투자, 음악 저작권 투자 등.

4. 쓰고 싶은 돈(위시리스트)

- 물품(또는 서비스나 경험)명, 가격, 쓰고 싶은 이유.

5. 나누는 돈

-기부금: 정기 기부, 일시 기부, 포인트 기부 등.

-물품 나눔: 아름다운가게 물품 기부, 당근마켓 무료
  나눔 등.

만약 오늘 하루 어떤 카테고리의 돈이 없다면 없다
고 남기면 됩니다. 가령 '오늘 들어온 돈이 없습니다.'라
든지 '오늘 쓰고 싶은 돈은 없습니다.'라고요. 지금 월
급 외에 들어오는 돈이 없다면 '들어온 돈'은 한 달에
한 번만 기록될 것입니다. 저는 투자를 시작하면서 적
은 금액이라도 배당금이 자주 들어오면 좋겠다고 생각
했습니다. 매일 돈이 들어오는 파이프라인을 구축하고
싶어서 요즘 재능소득의 다각화를 위해 노력하고 있죠.
'나간 돈'은 정말 필요한 소비였는지 돌아보게 합니다.
특히 저축하여 산 물건이나 여행과 같은 경험은 더할
나위 없는 기쁨을 줍니다. '투자하(고 싶은)는 돈'은 유형
별로 분류해서 금액과 함께 기록하되 투자를 고려하고
있는 대상에 대해서도 기록하는 것이 좋습니다. 투자
역시 소비와 같이 충분히 고민하고 시점을 고려해 진행
해야 하기 때문입니다. '쓰고 싶은 돈'은 내 안의 욕망을
인정한다는 데에 의의가 있습니다. 당장 소비로 이어지
진 않았지만 사고 싶거나 마음에 들어온 물건, 서비스,

경험이 있다면 금액과 함께 기록합니다. 저는 최소 3회 이상 기록한 물건은 반드시 사게 되었고 구매에 대한 감정도 항상 좋은 편이었습니다. '나누는 돈'을 기록하는 것은 부자가 아니어도 할 수 있는 행복한 베풂을 행하는 연습입니다. 아주 적은 돈, 심지어 물품이라도 타인과 세상을 향해 나눌 수 있는 사람은 돈의 주인이 될 자질을 갖추게 되기 때문입니다.

꾸준히 머니로그를 쓰다 보니 가족의 것이 아닌 '내 돈'에 대한 명확한 개념이 잡히고, 소득 시스템을 구축하는 목표를 세우며, 죄책감이 드는 소비를 줄이고 현명하게 지출하는 자신을 발견하게 되었습니다. 오늘 하루 돈의 흐름을 수치로 확인함은 물론 돈에 대한 제 감정 키워드도 보게 되었지요. 실제로 작성한 제 머니로그를 보시고 여러분도 자신만의 머니로그를 작성해보세요!

2021년 7월 10일(토) 볼리의 머니로그[*]

1. 들어온 돈: 65,200원

‣ 당근마켓 중고거래: 10,000원
노트북을 판 뒤 사용하지 않은 노트북 케이스를 중고거래로
팔았습니다.

‣ 드렁큰에디터 도서 『일희일비의 맛』 네 권 지원:
55,200원
출판사 드렁큰에디터의 책 『일희일비의 맛』 서평 이벤트에
당첨되어 네 권을 지원받았습니다. 정가 13,800원이니 무려
55,200원을 지원받은 셈입니다. 주식 투자 커뮤니티 멤버
들과 함께 읽어보려 합니다.

2. 나간 돈: 46,241원

‣ 이삭토스트 베이컨치즈베이글: 3,900원
이번 주말도 이삭토스트와 시작합니다. 간단하게 먹을 수
있으면서도 포만감을 주어 반 개만 먹어도 배가 부릅니다.

‣ 매머드커피 아이스 꿀라떼: 2,500원
오늘은 욕심 내어 조금 더 큰 사이즈로 샀습니다. S 사이즈
를 사다 M 사이즈를 사니 괜히 더 든든해지는 기분이랄까요.
그래도 S 사이즈를 마시며 조금 아쉬움을 느끼는 게 더 좋네
요. 남은 커피를 보며 욕심을 덜 내는 연습을 해야겠어요.

‣ 마켓컬리: 39,841원

내일 친구네 가족이 놀러 온다고 해서 급하게 장을 봤습니다. 돼지갈비, 콜드 브루 커피, 연어회, 오리 슬라이스를 샀어요. 누군가에게 베풀기 위한 소비는 풍요로운 감정을 주는 것 같아요.

3. 투자하(고 싶은)는 돈

▸ 주식 삼성전자우 (목표 진입가: 70,000원)
삼성전자우가 연일 하락하고 있습니다. 70,000원까지 내려오면 추가 매수를 위해 진입합니다.

▸ 비트코인 0.00467126 BTC (평가금액: 185,804원)
그동안 주식 투자에 대해서만 기록해왔는데 사실 저는 코인투자도 조금씩 해보고 있거든요. 2021년 5월 24일부터 거의 매일 5천 원씩 비트코인을 사서 모아보고 있습니다. 제가 투자를 시작한 이후 비트코인이 정말 많이 떨어져서 이 글을 쓰는 지금도 수익률이 -4.8%랍니다.

4. 쓰고 싶은 돈

▸ 스타벅스 주전자 (최저가: 74,400원)
스타벅스에 들렀다가 보게 되었습니다. 쓰임은 모르겠지만 그냥 사고 싶었습니다. 무려 74,400원. 예쁘지만 당장 용도가 없으니 마음속 위시리스트에 넣어두려 합니다.

5. 나누는 돈

▸ 해피빈 기부: 2,400원

머니로그를 쓰는 것은 내 돈의 흐름을 파악하고 내 감정을 기록해두기 위한 목적도 있지만, 네이버 블로그에 글을 쓰면 쌓이는 콩을 모아 기부할 수 있기 때문이기도 합니다. 오늘은 그동안 모은 콩 2,400원을 지적장애인 할아버지와 지내는 준호네에 기부했어요. 너무 적은 금액이지만 준호에게 작게나마 도움이 될 수 있다면 좋겠습니다. 앞으로 매일 꾸준히 글을 써서 나누는 돈이 커지길 바라봅니다.

금융 습관 2) 경제 기사 문장채집

제가 매일 아침 날씨처럼 확인하는 게 있습니다. 바로 뉴욕 마감 기사인데요. 밤새 미국 주식시장에서는 어떤 일이 일어났는지 요약해서 읽을 수 있습니다. 이렇게 매일 기사 읽는 습관을 들이는 이유는 금융의 흐름을 보는 눈을 키우는 것이 중요하기 때문입니다. 미국의 증시는 결국 우리나라의 증시에도 영향을 미치고 이는 곧 나의 투자와도 연결되니 반드시 확인해야 할 흐름입니다. 기사 읽는 습관을 좀 더 능동적으로 기르기 위해 저는 '문장채집'을 합니다. 경제 기사 문장채집은 말 그대로 경제 기사 중 기억하고 싶은 문장을 채집해 나의 인사이트와 함께 기록하는 것입니다. '볼리의 머니로그'가 블로그에 기록하는 습관이라면, '볼리의 문장채집'

은 인스타그램에 기록하고 있습니다.

경제 기사를 찾아 읽는 방법은 간단합니다. 먼저 휴대폰으로 '네이버 증권'에 들어갑니다. 거기서 다시 '뉴스' 탭을 선택하고 '주요 뉴스' '실시간 속보' '많이 본 뉴스' 중 원하는 곳에 들어가 관심이 가는 제목의 기사를 찾습니다. 저는 보통 아침에 뉴욕 마감 기사를 읽고 싶어 '주요 뉴스'에서 제목에 '뉴욕 마감'이 들어간 기사를 읽는 편입니다. 그중 인상 깊은 기사를 골라 날짜와 언론사, 제목이 나오도록 캡처하고 해당 문장을 복사해서 인스타그램 본문에 붙여넣습니다. 이때 언론사와 기자명도 기록해둡니다. 그리고 그 문장에 대한 저의 생각을 짤막하게 기록합니다.

누구에게 보여주기 위함은 아니지만 꾸준히 쌓여가는 문장채집 기록을 보면 스스로 발전하고 있다는 생각이 듭니다. 그리고 간혹 제 문장채집을 보시는 분들이 댓글을 달아주시면서 지식의 폭이 더 넓어지기도 하죠. 인스타그램의 핵심 기능인 해시태그를 활용하면 기록들을 분류할 수 있습니다. 해시태그 검색 기능을 활용하여 나중에 #뉴욕마감 기사만 보거나 #부동산정책 기사만 볼 수도 있게 됩니다. 나만의 금융 노트가 되어 필요한 정보가 있을 때 쉽게 찾아볼 수 있는 거죠.

문장채집과 더불어 '금융 지수 필사'도 추천해드립니다. 매일 금융 지수를 확인하는 것만으로도 금융의 흐름을 파악하는 데 큰 도움이 되기 때문입니다. 제가 추천해드리는 필사할 만한 금융 지수는 총 다섯 개입니다. 하지만 투자 방향성에 따라 중요하고 눈여겨보아야 할 지수가 달라질 수 있으니 스스로 어떤 지수를 필사해야 할지 고민해보시기 바랍니다.

<볼리의 금융 지수>

1. 나스닥 100

뉴욕증권거래소에 상장된 기업 중 상위 100개 기업의 지수를 의미합니다. 전체 나스닥 중 상위 기업은 대부분 우리가 잘 알고 있는 애플, 테슬라와 같은 기업들이기에 핵심 기술주의 흐름을 볼 수 있습니다.

2. S&P500

신용평가회사인 스탠더드 앤드 푸어스(S&P)가 개발한 주가 지수로 나스닥에 상장된 주식 중 500대 대기업의 시가총액을 기준으로 합니다. 미국 주식시장 시가총액의 80%를 차지하는 실질적인 미국 대표 주가 지수입니다.

3. 필라델피아 반도체

필라델피아 증권거래소에 의해 탄생한 주가 지표로, 미국 주식시장에 상장된 반도체 관련 제조, 판매, 디자인, 장비 등의 기업 중 시가총액 상위 30개 종목을 고른 지수입니다. 전 세계 IT 업종 주가에 크게 영향을 미치고 있습니다.

4. 코스피

한국 증권거래소 유가증권시장의 종합주가지수로 우리나라의 주식시장을 대표합니다. 삼성전자, 현대자동차, LG화학, 네이버 등 우리가 아는 시가총액이 높은 대기업이 많습니다.

5. 미달러 환율

미국 달러는 기축통화로 전 세계적으로 공신력을 인정받은 화폐입니다. 특히 미국 주식에 투자하는 경우 환율에 따라 원화 수익률이 달라지기 때문에 확인해야 합니다.

금융 지수는 너무 많아 다 보려 하면 하다가 지치게 되더라고요. 그래서 저는 위의 다섯 개만 보자는 마음으로 실천하고 있습니다. '네이버 금융*'에 들어가면 이 모든 지수를 다 볼 수 있는데요. 1번부터 3번까지는 '해외증시', 4번은 '국내 증시', 5번은 '시장지표' 탭에서 볼 수 있습니다.

---

* https://finance.naver.com/

저는 이 지표들을 펜으로 꾹꾹 눌러쓰는 것을 추천합니다. 처음에는 저도 지수 변화를 보기 위해 엑셀 프로그램으로 정리하고 그래프를 그려봤는데요. 숫자를 복사해서 붙이니 기억에 잘 남지 않을뿐더러 이미 네이버 금융에서 보여주는 그래프를 따로 그릴 필요도 없겠다는 생각이 들어 그만두었습니다.

금융 지수를 확인하고 직접 손으로 써보는 것만으로도 금융 지수 필사의 의미는 충분하다고 봅니다. 오늘 하루도 내가 금융에 관심을 두었다는 뜻이니까요. 어느 정도 습관이 되면 굳이 필사하지 않아도 지수가 눈에 들어오는 날이 올 겁니다. 지금의 저는 매일 지수를 보는 것만으로도 대략적인 흐름을 알 수 있게 되었거든요.

금융 공부는 언어 학습처럼 단기간에 집중하기보다는 꾸준히 반복하여 학습하는 것이 좋습니다. 매일 자신에게 부담되지 않는 선에서 금융 공부 습관을 기르려면 무엇부터 시작하면 좋을지 고민해보세요. 자신에게 맞는 방법으로 습관을 기르며 꾸준히 금융에 관심을 두는 일은 투자하는 인간, 호모 인베스투스를 향한 초석이 될 것이며, 우리를 더 윤택한 삶으로 이끌어줄 것입니다.

매월 금융 습관:
소득기록장과 금융 커뮤니티

어느덧 그들은 내가 하루 중 가장 많은 대화를 나누는
사람들이 되어버렸다. (…) 그들은 내 최근의 삶 속에서
누구보다도 나의 생각에 대해 잘 알고, 나를 지지해주고,
이런저런 일에 솔직한 의견을 나누는 베프들이다.*

사회 초년생 때 재무 설계를 받은 적이 있습니다. 어
렵고 복잡해서 재무설계사가 하는 말을 대부분 이해할
수 없었지만 단 한 가지 '가로 저축'이라는 말은 기억납
니다. 재무 설계 용어 중 '가로 저축'과 '세로 저축'이 있
는데요. 단기적인 재무 목표를 세워 일정 기간 내 저축
이나 투자를 끝내고 나면 다음 재무 목표를 세워 저축
이나 투자를 이어가는 것을 '세로 저축'이라고 하며, 단
기·중기·장기 재무 목표를 세워 포트폴리오를 만들고
각 목표에 맞는 저축과 투자를 지속적으로 이어가는

---

* 설인하 지음, 『돈이 있었는데요, 없었습니다』, 위즈덤하우스, 2021, 75쪽.

것을 '가로 저축'이라고 합니다. 앞서 제가 말한 세 가지 종잣돈을 각각 목표에 맞춰 투자하는 것이 가로 투자에 해당합니다. 당시 '가로 저축을 위한 재무 목표를 세우고 이에 맞는 상품 가입하기'를 주방향으로 하는 재무 설계를 받았던 것으로 기억합니다.

저는 소득도 가로 저축이나 가로 투자처럼 층층이 쌓아 올리는 방식으로 설계해야 한다고 생각합니다. 앞에서 설명했던 시바소득·자본소득·재능소득을 각각 하나의 층으로 보고 매월 나에게 어떤 소득이 들어오는지 파악하는 소득기록장을 써야 합니다.

금융 습관 3) 소득기록장 쓰기

어린 시절에는 소득보다 지출에 중심을 둔 금융 교육이 이뤄지지만, 사회생활을 시작하면 소득에 중심을 둔 금융 교육의 비중이 더 커져야 한다고 생각합니다. 결국 투자의 규모를 키우기 위해서는 소득이 커져야 하기 때문입니다. MZ세대는 경제적 자유를 향한 관심이 많아, 월급 외에도 소득을 가져오는 파이프라인을 만드는 데 노력을 기울입니다. 저 역시 제 노동력과 시간을 맞바꾼 급여보다 저의 재능을 소득과 브랜드로 연결시키는 일에 집중하고, 자본소득의 비중을 늘리는 데 꾸준히 관심을 갖고 있습니다. 그러다 보니 매월 소득기록장을 쓰게 되었는데요. 시바소득, 재능소득, 자본소득별로 매월 들어온 돈을 기록해보고 있습니다.

시바소득: 월급, 상여금, 퇴직금, 시간제 아르바이트비, 프로젝트 수임료 등.

재능소득: 콘텐츠 제작비 및 저작권료, 플랫폼 수익, 강연료, 상품 판매금 등.

자본소득: 부동산 월세, 주식 수익금 및 배당금, 기타 투자 상품 매도 수익금 등.

다음은 저의 2021년 소득기록장입니다. 저는 1월 말 회사를 그만두고 2월에 퇴직금을 정산받았으며, 3월부터 실업급여를 받고 있습니다. 재능소득을 키우기 위해 다양한 사이드 프로젝트도 진행해보고 있는데요. 앞서 설명한 경제기사 문장채집을 함께할 사람들을 모으다 보니 커뮤니티 소득이 생겼습니다. 적립식 주식 투자 방식을 소개하며 강연 소득을 얻기도 했고요. 5월에는 이 책의 세후 계약금을 기록했습니다. 끝으로 자본소득은 수익금과 배당금으로 분류해서 기록합니다. 수익금은 주식 투자 차익과 시험 삼아 해보았던 암호화폐 투자 수익금입니다. 배당금은 꾸준히 모으고 있는 한국과 미국 주식에서 나오는 세후 배당금액입니다. 2월과 3월에는 투자 손실이 발생하였습니다. 하지만 4월에는 삼성전자우 종목의 2020년 4분기 배당금과 특별배당금을 받았는데요. 처음으로 배당금으로 노동 소득을 대체할 수 있겠다는 확신이 들었습니다. 배당금 재투자를 꾸준히 실천하기로 결심했지요. 합계는 돌봄 소득을 포함한 합계와 제외한 합계 두 가지로 작성합니다. 돌봄 소득은 실질적으로 들어오는 돈이 아니기 때문입니다. 저는 실질적 시바소득인 기타 소득(실업급여)은 생활 비용으로 지출하고, 재능소득과 자본소득은 모두 재투자하여 투자 자본의 파이를 키워가고 있습니다.

소득기록장을 쓰는 가장 큰 목적은 유형별 소득 금액을 기록하는 것이지만, 각 소득의 비율을 비교해보는 의의도 있습니다. 소득기록장 하단에는 세 가지 소득의 월별 비율을 표기하였는데요. 5월은 각 소득이 현시점에서 가장 이상적으로 균형을 이룬 달입니다. 대략 소득의 절반이 시바소득, 나머지 절반이 재능소득과 투자

구분		1월	2월	3월	4월	5월	6월	7월	8월	9월	10월
시바소득	노동	2,000,000	–	–	–	–	–	–	–	–	–
	돌봄	1,800,000	1,800,000	1,800,000	1,800,000	1,800,000	1,800,000	1,800,000	1,800,000	1,800,000	1,800,000
	기타	–	7,000,000	480,960	3,366,720	1,683,360	1,683,360	1,683,360	1,683,360	1,683,360	2,164,320
	소계	3,800,000	8,800,000	2,280,960	5,166,720	3,483,360	3,483,360	3,483,360	3,483,360	3,483,360	3,964,320
재능소득	커뮤니티	–	75,000	100,000	10,000	–	390,000	–	–	–	150,000
	콘텐츠	–	–	–	–	967,000	–	250,000	–	215,277	–
	강연	–	–	–	273,600	–	50,000	–	260,840	120,000	–
	소계	–	75,000	100,000	283,600	967,000	440,000	250,000	260,840	335,277	150,000
자본소득	수익금	4,754,137	-23,770	-250,327	–	307,848	2,065,553	305,733	477,002	84,555	68,225
	배당금	–	266,532	10,823	2,094,230	713,020	3,206	33,322	765,581	12,946	–
	소계	4,754,137	242,762	-239,505	2,094,230	1,020,868	2,068,759	339,055	1,242,583	97,501	68,225
합계(돌봄 소득 제외)		6,754,137	7,317,762	341,456	5,744,550	3,671,228	4,192,119	2,272,415	3,186,783	2,116,138	2,382,545
합계(돌봄 소득 포함)		8,554,137	9,117,762	2,141,456	7,544,550	5,471,228	5,992,119	4,072,415	4,986,783	3,916,138	4,182,545

(단위: 원)

항목별 세부 내역

기타: 퇴직금, 실업급여 등 | 커뮤니티: 북클럽, 문장채집 등 | 콘텐츠: 블로그, 칼럼, 도서 등 | 강연: 노선 및 전문 강연 등 | 수익금: 주식 수익 시전 금액 |

배당금: 주식 배당금 세후 금액

	시바소득	재능소득	자본소득
1월	29.61	0.00	70.39
2월	95.66	1.02	3.32
3월	140.86	29.29	−70.14
4월	58.61	4.94	36.46
5월	45.85	26.34	27.81
6월	40.16	10.50	49.35
7월	74.08	11.00	14.92
8월	52.82	8.19	38.99
9월	79.55	15.84	4.61
10월	90.84	6.30	2.86

(단위: 퍼센트)

소득으로 구성되었습니다. 저는 아직 노동력이 충분한 지금 시바소득을 최대한 투자 자본으로 활용하여 재능소득과 자본소득의 비율을 더 키울 것입니다. 월 5백만 원의 생활 비용을 얻기 위해 저는 5년 내에 매월 돌봄 소득을 제외한 시바소득 2백만 원(하루 4시간 노동), 재능소득 150만 원, 자본소득 150만 원의 소득 구조를 만들어가려 합니다. 최종적으로는 자본소득 월 5백만 원을 달성하여 시바소득을 벌 필요 없는 삶을 살고 싶습니다. 여러분에게는 지금 어떤 소득이 매월 얼마큼, 어떤 비율로 들어오고 있나요? 한 달에 한 번 자신의 소득 유형과 크기, 각 소득의 비율을 계산해서 소득기입장을 작성하는 습관을 가져보시기 바랍니다.

금융 습관 4) 금융 커뮤니티 운영(참여)하기

금융 습관은 혼자 길러야 하는 부분도 있지만 함께했을 때 시너지가 나는 부분도 있습니다. 특히 투자는 다양한 아이디어가 모일 때 금융지능이 발휘되어 더 좋은 선택을 할 수 있습니다. 저 역시 투자 마인드를 만드는 것은 혼자 했지만, 기술적인 부분은 함께 공부하면서 연습합니다. 소비를 통제하고 투자 철학을 세우는 것은 혼자서도 해볼 수 있지만 좀 더 전문적이고 거시적으로 공부하려면 함께하는 것을 추천드립니다.

2020년 8월 주식 투자를 처음 시작했을 때, 과연 내가 잘하고 있는 건지 물어볼 데가 없어 막막하기만 했습니다. 그래서 주변에 주식 투자를 하는 사람이 있는지 찾아보기 시작했어요. 그리고 주식에 투자하는 사람들은 저마다 자본은 다르지만, 자기만의 투자 방식과 관심

분야가 있음을 알게 되었습니다. 이들 중 매일 투자 의견을 공유하려는 의지를 가진 열두 명을 모아 '볼리의 로켓주식'이라는 카카오톡 오픈채팅방을 만들었습니다. 이 모임에 대하여 제가 정한 규칙은 세 가지였습니다.

첫째, 참가자는 익명이며 투자한 자본과 종목 수를 공개한다.
둘째, 매일 매수하거나 매도한 종목을 공개하고 그 이유를 설명한다.
셋째, 일주일에 3회 이상 금융 기사를 공유하거나 기사를 읽고 의견을 말한다.

저는 채팅방에 참가한 사람들을 모두 알고 있지만, 나머지 사람들은 서로를 알지 못하기에 보다 투자에 대한 의견을 진솔하게 제시하도록 하는 방안을 강구했습니다. 그리고 서로의 자본과 보유한 종목 수를 공개해서 매매하는 시점과 이유를 파악하도록 했습니다. 그래야 투자 고민을 제대로 나눌 수 있다고 생각하기 때문입니다. 끝으로 금융 기사를 공유하면 자신이 보유하고 있거나 보유하고 싶은 종목에 대한 인사이트를 얻고 콘

센서스(consensus)를 이룰 수 있습니다. 저는 반도체와 IT 분야를 공부했기에 주로 그에 대해 다른 사람들과 나누고 참가자 A 님은 바이오 분야, 참가자 B 님은 그린 에너지 분야에 대해 나눕니다. 그렇게 자연스럽게 다양한 종목에 대한 이야기를 나눌 수 있습니다.

카카오톡에서는 '#검색' 기능을 활용하여 국내 주식 거래 시간 동안 실시간 주가를 확인할 수 있습니다. 가령 '#삼성전자우주가'를 검색하면 현재 삼성전자우의 주가가 나오고 이를 사람들과 공유할 수 있습니다. 이 기능은 오늘 유독 상승하거나 하락한 종목을 공유할 때 사용합니다. 또한 관련 뉴스 기사를 읽으며 함께 그 원인을 찾아볼 수도 있습니다. 그래서 카카오톡 오픈채팅방은 여러모로 투자 커뮤니티 채널로서 유용하다고 생각합니다.

저는 운영자로서 참가자들이 계속 공부할 수 있도록 동기를 부여하고자 종종 이벤트를 엽니다. 지난 4월에는 그달에 처음 매수한 종목에서 한 달 동안 가장 높은 수익률을 낸 세 명을 뽑아 기프티콘을 선물했습니다. 4월에 가장 많이 성장한 산업은 무엇인지, 가장 뜨거운 반응을 보인 종목이 무엇이었는지 알 수 있었고, 선의의 경쟁을 하며 공부에 재미를 느낄 수 있었습니다. 물론 이러한 이벤트를 여는 데는 비용이 발생합니다. 그렇지만 커뮤니티가 활성화되어 양질의 정보와 인사이트를 얻을 수 있다는 것이 더 중요합니다. 또 볼리의 로켓주식 오픈채팅방에서는 수익이 나면 다른 참가자에게 랜덤으로 선물을 하는 문화가 만들어져 자연스럽게 수익 공유도 이루어지고 있습니다. 결국 모두가 스스로 재미를 느끼는 커뮤니티만이 지속될 수 있습니다.

혹시 금융 기사의 문장을 채집하는 습관을 혼자 유지하기 어렵다면 함께하는 오픈채팅방을 만들어보면 어떨까요? 약 2만 원 정도를 참가비 겸 예치금으로 걸어두고 평일 5일씩 4주를 꼬박꼬박 한 사람은 다시 돌려받고 하루라도 못한 사람은 1천 원씩 차감하는 방식을 사용하면서요. 차감되어 쌓이는 돈은 운영자가 모아두었다가 3개월 연속 달성한 참가자에게 선물을 해주는 방식으로 활용할 수도 있을 거예요. 모두가 매일 적극적으로 참여한다면, 인원은 적어도 괜찮습니다.

투자 커뮤니티를 통해 투자의 방향과 방법론적인 부분을 고민했다면 이젠 하나의 주제를 좀 더 심도 있게 공부하는 방법을 알려드리고자 합니다. 금융 공부는 가볍게 매일 꾸준히 해야 하지만 관심 있는 주제나 투자 방식에 대해 깊게 공부하는 것도 매우 중요하기 때문입니다. 지금 소개해드릴 커뮤니티 운영 방식은 미니 세미나인데요. 미니 세미나란 스스로 발표자가 되어 주제를 정하고 공부한 뒤 학습자에게 한 시간 이내로 전달하는 짧은 강연을 말합니다. 미니 세미나를 진행할 때는 적더라도 꼭 돈을 받고 해보시라고 조언해드리고 싶습니다. 돈을 받고 파는 지식이라고 생각하면 스스로도 공들여 준비하게 되고, 그러다 보면 지식이 쌓여 결국 재능소득을 불리는 계기가 될 수도 있기 때문입니다.

저는 미국 주식을 한번 해보고는 싶지만 막연하기만 하여 망설였던 초심자를 대상으로 '미국 주식의 기초를 배우는 미니 세미나'를 만들었습니다. 저 역시 막 초보를 벗어난 시점이었지만 그랬기에 초보자가 무엇을 알고 싶어 하고 무엇을 어려워하는지 누구보다 잘 알았기 때문입니다. 그리고 사람들은 약간의 지식을 배우고자 할 때는 전문가보다 자신보다 반 발자국 정도 먼저 간 사람들의 이야기를 선호한다는 것도 알고 있었습니다. 그래서 제가 초보 시절 궁금해했던 질문에 대한 답을 찾아가는 방식으로 여섯 명 앞에서 미니 세미나를 진행했습니다. 당시 참가비는 1만 원이었습니다. 부담 없는 액수였기 때문에 정말 호기심 정도만 가지고 있던 분도 마음 편히 참여할 수 있었고, 해외 주식 계좌만 개설해두고 어떤 종목을 골라야 할지 몰랐던 분도 미국 주식을 꾸준히 공부하는 방법을 배울 수 있었습니다.

당시 미니 세미나는 약 40분 정도 진행되었는데요. 실제로 매수하는 것을 보여드리기 위해 미국 주식시장이 열리는 밤에 세미나 시간을 잡았고, 혹시 직접 매수를 해보실 분이 있다면 꼭 예수금을 넣어 환전하거나 원화와 호환되는 서비스를 신청해두라고 사전 안내하였습니다. 이론을 듣고 실습하니 막연했던 미국 주식 투자를 쉽게 배울 수 있었고, 이후의 투자를 결심하는 계기가 되었죠. 그 뒤로도 저는 제가 시도해본 투자나 더 깊이 파고 싶은 주제에 대해 강의 자료를 만들고 미니 세미나를 열어 제가 공부한 것을 강연하는 시간을 가졌습니다. 이때 꼭 참가비를 받음으로써 스스로에게 재능소득을 얻는 경험을 선물해주었습니다.

미니 세미나는 두세 시간씩 오래 하는 강연이 아니라 30~50분 정도의 짧은 시간 동안 소정의 지식을 나누는 형식이기에 온라인으로 진행하기에도 정말 좋은 아이

템입니다. 온라인 세미나는 코로나19 상황에 구애받지 않고, 언제 어디서나 참여할 수 있어 참가하는 입장에서도 부담이 없죠. 특히 제가 사용했던 줌이라는 채널은 40분간 무료로 사용할 수 있어 미니 세미나를 테스트하기에 좋은 툴이었습니다. 만약 투자 커뮤니티가 활성화되어 있다면 커뮤니티 참가자를 대상으로 미니 세미나를 열어 단돈 1천 원이라도 받는 경험을 해보세요. 분명 팔리는 지식의 가치와 함께 스스로 콘텐츠를 만들 수 있는 사람임을 느끼게 될 것입니다.

처음 미니 세미나를 할 때는 경제경영서를 읽고 내용을 요약하거나 책에 나온 지식을 정리하는 것을 주제로 삼으면 좋습니다. 다만 책에는 저작권이 있으니 참가비를 받지 않고 연습하는 차원에서 해보시기를 바랍니다. 이후에는 본인만의 투자 실험을 보여주거나 '지금 1백만 원이 있다면 어떤 주식 종목을 사겠습니까?'와 같은 질문을 제시하고 스스로 답을 찾아가는 여정을 보여주시면 좋습니다. 저는 처음 '적립식 주식 투자'라는 개념을 알고 실천하면서 그 과정을 정리하여 미니 세미나로 발표한 적이 있습니다.

만약 제가 다음 미니 세미나를 준비한다면 '기업사

회공헌 담당자 출신이 보는 ESG 투자'라는 제목으로 ESG 투자가 무엇이고 기업들이 ESG를 위해 어떻게 노력하는지, 그리고 이것이 투자자 관점에 어떤 영향을 미치는지 발표해보려고 합니다. 이런 주제를 정할 수 있었던 것은 기업사회공헌 담당자로 일했던 경력이 있기 때문입니다. 일반적인 투자자보다는 기업의 관점에서 볼 수 있으리라 생각합니다. 이렇게 타이틀(주제)을 미리 정하여 공부할 분야를 찾아보는 것도 미니 세미나를 지속할 수 있는 좋은 방법입니다.

참가자들에게 다음 세미나 주제는 무엇으로 하면 좋을지 물어보는 것도 좋습니다. 한 번 들었던 참가자는 다음에도 내 세미나를 들어줄 가능성이 높은 만큼 그들의 관심사를 따라 주제를 만들어가는 거죠. 비록 그들의 관심사가 내 관심사가 아닐지라도 새로운 투자에 눈뜨는 기회가 될 수 있습니다. 얼마 전 지인에게 중국 주식 투자에 대해 질문을 받았습니다. 전 사실 중국 주식 투자는 해본 적이 없어 잘 몰랐는데요. 이렇게 들어오는 질문이 결국 사람들의 관심사이기에, 언젠가 중국 주식 투자와 미국 주식 투자를 비교해 어떤 주식 투자가 좋은지에 대해 미니 세미나를 만들어볼 생각입니다.

끝으로 소개해드릴 함께하는 금융 공부법은 '금융 북클럽'입니다. 올해 초, 금융과 돈에 대해 좀 더 기본적이면서도 거시적으로 배우는 시간을 갖고 싶었는데, 책만 사두고 읽지 않는 저 자신을 발견했습니다. 저는 그때 일하는 여자들의 북클럽 '19호실로 간 여자들'을 운영하며 주제를 정하고 시즌(3개월 단위)별로 관련 도서를 골라 매월 읽고 토론하는 활동을 하고 있었는데요. 2021년 3월에는 '21세기 버지니아 울프의 경제적 자유'라는 주제로 돈에 대해 공부해보기로 했습니다. 저만큼이나 다들 경제와 금융 책을 어려워했기 때문에 전체를 가볍게 읽되, 각자 맡은 파트를 깊게 읽기로 했습니다. 그리고 각자 공부한 파트를 서로에게 알려주는 세미나 방식으로 북클럽을 진행했더니, 부담스럽지 않게 금융을 공부할 수 있었습니다.

북클럽이 좋은 이유는 책을 함께 읽는 계기도 되지만 개인의 경험이 더해져 풍부한 대화를 나눌 수 있다는 점입니다. 특히 경제·금융 도서 읽기는 각자의 머니스크립트를 비롯한 재정 경험을 기반으로 이론과 지식에 다가갈 수 있기 때문에 좀 더 실용적인 금융 공부가 될 것입니다. 저 역시 금융 북클럽을 통해 신용카드를 없애고, 투자 종목 포트폴리오를 바꾸는 등의 실질적 행동 변화까지 일으킬 수 있었습니다. 혼자 했다면 '어렵지만 유익한 내용이었어!'로 그쳤을 독서가 재정 경험을 공유하고 스스로 지금 당장 해볼 수 있는 구체적인 행동을 도출하여 실천으로까지 발전시키는 계기가 되었습니다.

만약 처음이라 직접 북클럽을 운영하기가 부담스럽다면 기존 금융 북클럽을 찾아 매월 자신을 노출시켜보는 것으로 시작하는 것도 좋습니다. 처음에는 책을 읽는 정도로만 참여했지만 점차 책의 내용을 요약해서 발표하고, 경험과 결부해 의견을 이야기하는 자신을 발견하게 될 것입니다. 또한 진행자의 노하우를 배우고 꾸준히 기록해나간다면 언젠가 나만의 금융 북클럽을 열어 가까운 사람과 경제·금융 책으로 공부하는 기회를 만들 수 있을 거예요. 스스로 운영자로 발전해나가기를 권하는 이유는 결국 이 북클럽이 공부하는 계기는 물론 재능소득의 한 파이프라인을 만드는 일이 될 수 있기 때문입니다.

매년 금융 습관:
경제적 자유 선언문과 금융 유언장

자기 자신을 스스로 평가하는 말은 자신의 이미지를 만들고 존재를 규정하며, 타인이나 세상과 협상하는 방식에도 영향을 미친다. 일단 그 사실을 알고 나면 그런 상황이 주변 곳곳에서 보이기 시작한다.[*]

우리는 늘 무언가를 다짐합니다. 하지만 내면으로 은밀하게 한 다짐은 그대로 끝나버릴 가능성이 높습니다. 자신의 생각과 다짐을 직접 글로 써보고 특히 공개적으로 다른 사람 앞에서 선언한다면 그것을 끝까지 고수하게 된다고 하는데요. 이를 '공개 선언의 효과'라고 합니다. 저는 금융에 있어서 목표를 세웠거나 만들고 싶은 습관이 있다면 공개적으로 선언할 것을 권합니다. 저는 자주 "제 장래희망은 배당금 받는 소설가예요."라고 말합니다. 30대 후반의 나이에 장래희망이 있다는 것도 신기

---

[*] 모리 타헤리포어 지음, 이수경 옮김, 『사람은 무엇으로 움직이는가』, 인플루엔셜(주), 2021, 40쪽.

한데 소설가라니, 그것도 배당금 받는 소설가라니. 사람들은 유쾌하면서도 엉뚱한 사람을 한 명 만났다고 생각할 겁니다. 하지만 저를 몇 번 만난 이들은 반복적으로 선언하는 저를 보고 '쟤가 진짜 뭘 하고 있긴 한 건가?' 생각하며 지켜보기 시작합니다. 이렇게 제가 '배당금 받는 소설가'라고 자주, 자신 있게 말하는 이유는 오래전부터 서만의 경제적 자유 선언문을 써왔기 때문입니다.

금융 습관 5) 경제적 자유 선언문 쓰기

제가 생각하는 경제적 자유란 소득을 위한 노동 없이 자신의 시간을 오직 재능을 발휘하고 취향을 만끽하는 데만 쓰는 것입니다. 100억을 가진 사람이라고 무조건 경제적 자유를 얻은 것이 아닙니다. 내 시간을 온전히 스스로 결정하면서도 재정적 안정과 여유를 누릴 수 있는 삶이 경제적 자유를 얻은 삶입니다. 만약 여러분에게 경제적 자유가 주어진다면 무엇을 하고 싶은가요? 많은 사람이 경제적 자유를 이루고 싶다고 하지만 막상 집 사고, 차 사고, 회사 안 다니는 것 외에는 구체적인 계획이 없는 경우가 많습니다. 처음에야 쇼핑을 실컷 하고 여행도 하겠지만 그것이 일상이 되었을 때 매일 나의 시간을 어떻게 보낼지 그려놓지 않으면 결국 돈 많은 실업자일 뿐입니다. 그래서 이 대목에서는 제가 점진적으로 발전시키며 경제적 자유를 그려나가는 과정과 그 결과 쓴 최종 선언문을 보여드리고자 합니다.

#1. 한가로운 글자 생활자

저는 예전부터 그저 편안하게 책 읽으며 한가롭게 시간을 보내는 것이 최고의 삶이라고 생각했습니다. 내 이야기를 쓰며 창작 욕구까지 채울 수 있다면 더할 나위 없겠다고 여겼지요. 그래서 저의 궁극적인 경제적 자유의 형태는 '한가로운 글자 생활자가 아닐까' 생각했습니다. 이는 제 인스타그램 프로필에 적어둔 말이기도 합니다.

제게 딱 맞는 표현이지만 어쩐지 조금 많이 모호합니다. 그래서 실천적 행동과 연관된 말을 붙여보기로 했습니다.

#2. 배당금 받는 소설가

만약 제게 매월 3백만 원의 배당금이 들어온다면 어떨까요? 그럼 저는 인세를 고민하지 않고 글을 쓰는 소설가가 될 수 있을 것입니다. 그러면서 다른 작가들의 책까지 읽게 되면 제 상상력에 자극과 통찰을 더할 수 있겠지요. 그게 바로 '한가로운 글자 생활자'의 현실일 겁니다.

그럼 이제 어떻게 하면 매월 3백만 원의 주식 배당금이 들어오는 구조를 만들 수 있을까요? 앞에서도 언급했듯 꾸준히 배당률이 성장하는 주식 종목의 보유 주수를 늘려야 합니다. 그래서 '배당금 받는 소설가'란 목표에 구체적인 수치를 더해보기로 했습니다.

#3. 60대가 되기 전 월 3백만 원 배당금 받는 소설가

저는 생활 종잣돈을 위한 배당 주식으로 '삼성전자우'를 꾸준히 모으고 있습니다. 2021년 10월 현재 1,734주를 모았고 연 배당금은 약 3백만 원, 월로 환산하면 25만 원가량입니다. 지금껏 그래왔듯 제가 매월 50만 원씩 꾸준히 주식을 사서 연 6백만 원의 투자금을 12년간 유지하고 배당금을 재투자한다면, 저는 50세가 되기 전에 1,729주(매수 763주, 배당금 재투자 966주)를 추가로 매수하여 총 3,463주를 보유하게 됩니다. 그간 누적된 주수의 배당금이 커져 그동안 모았던 주식 수만큼 모으게 되는 것입니다. 제가 55세가 되는 2040년에는 배당금을 1주당 11,000원으로 가정했으니, 저는 추가 매수를 하지 않아도 매년 약 3800만 원, 월 3백만 원대의 배당금을 받을 수 있게 됩니다.

제가 이 목표대로 60대가 되기 전에 월 3백만 원을 배당받는 소설가가 될 수 있을까요? 물론 여러 변수가 있습니다. 제가 50세 이전에 노동력을 잃어버려 소득이 사라지고 배당금을 재투자하지 못하는 상황이 올지도 모릅니다. 그렇지만 이렇게 명확한 숫자로 제 경제적 자유를 표현해보니 목표가 선명해진 것 같습니다. 선명한 목표가 중요한 이유는 돈이 있어도 어떤 목표로 투자해야 하는지 구체적으로 알지 못하면 목표 기간 내에 자신이 설정한 경제적 자유에 도달하기 어렵기 때문입니다. 지금 현실에서는 경제적 자유가 선명하게 보이지 않기 때문에 '과연 내가 10억짜리 집을 살 수 있을까?' '4억 5천만 원어치 주식을 살 수 있을까?'란 막연한 숫자에 더 집중하게 됩니다. 우리는 대신 주택청약통장에 매월 납입할 돈, 배당 주식의 주수라는 숫자에 좀 더 집중해서 그 목표를 달성하는 것에 초점을 맞추어야 합니다.

그럼 이젠 상상력을 좀 더 가미해 저만의 경제적 자유를 정의해보겠습니다.

#4. 바다 마을 북스테이를 운영하는 배당금 받는 소설가

바다가 보이는 언덕에 모던한 디자인의 목조 2층 한옥 주택이 서 있습니다. 디귿자 모양 건물의 1층은 카페 겸 1인 침실이 여섯 칸 있는 북스테이고, 2층은 방 네 개와 테라스가 있는 우리 가족 주거 공간입니다. 폴딩도어로 잔디 마당과 연결된 카페에는 팝송이 흐르며, 한쪽 벽면에는 책장이 있습니다. 표지 색상별로 분류되어 가득 차 있는 책장은 마치 하나의 예술작품처럼 보입니다. 파도 소리와 함께 바닷바람이 들어오는 이곳은 커피 향 가득한 북카페입니다. 남편은 커피를 내리고 저는 마들렌을 굽습니다. 카페 반대편에는 모든 방에서 바다가 보이는 1인용 북스테이가 있습니다. 작은 책상과 침대, 커다란 창문이 있어 오로지 책을 읽고 휴식을 취할 수 있는 공간입니다. 일상에 지쳐 휴식이 필요한 사람 중 '한가로운 글자 생활자'로 시간을 보내고 싶은 사람들을 위한 공간입니다. 저녁 식사 시간에는 모두 모여 책에 대해 이야기를 나눌 수도 있고, 카페 오픈 전 아침에는 함께 바다를 보며 요가를 할 수도 있습니다.

오전에 북스테이와 카페 일을 하고 나면 저는 오후 세 시부터 제 방에서 글을 씁니다. 오후 세 시는 제가 가장 평온하게 글을 쓸 수 있는 시간입니다. 매일 세 시간씩 꾸준히 글을 써 매년 소설색을 한 권씩 출간합니다.

저는 이 상상에 '바닐라 페이지 프로젝트'라는 이름을 붙였습니다. 아이를 독립시키고 남편과 반려견과 함께 돈 걱정하지 않고 원하는 대로 시간을 보내는 삶입니다.

물론 상상만으로 그치지 않게 구체화하는 노력이 필요합니다. 바닷가 부동산 가격도 알아봐야 하고, 건축비는 얼마나 드는지, 카페 인테리어 비용과 북스테이 가구 등을 마련하는 데 필요한 돈은 얼마인지 알아봐야 할 것입니다. 하지만 이 단계는 경제적 자유 이전에 '경제적 여유'가 충족되었을 때의 일입니다. 그전에는 우선 상상을 구체화해주세요. 보다 실감 나는 상상이 돈의 주인으로서 여러분의 모습을 구체화해줄 수 있거든요. 오늘부터 매년 여러분의 경제적 자유를 상상해보고 이를 이뤄가는 방법을 숫자로 표현해보세요.

금융 습관 6) 금융 유언장 쓰기

저는 매년 금융 유언장을 쓰고 있습니다. 제가 경제적 자유를 빠르게 누리고 싶은 이유는 나답게 살고 싶어서 인데 인생은 언젠가 끝이 나기 때문입니다. 유한한 인생의 마지막에 우리는 무엇을 남길 수 있을까요? 『80년대 생들의 유서』라는 에세이집을 읽고 삶과 죽음의 사이에 있을 때 나의 생각과 흔적을 남겨봐야겠다는 생각이 강렬하게 들었습니다. 특히 내가 만든 자산을 어떻게 정리하면 좋을지도 미리 생각하게 되었습니다. 자산을 가꾸는 것도 부족한 시간에 굳이 금융 유언장을 써야 하는 이유는 무엇일까요? 저는 우리가 돈을 아끼고 사랑하되 돈을 가지고자 하는 목적과 방향을 잊지는 말았으면 합니다. 결국 돈은 남지만 우리는 떠나게 되니까요.

○○○○년 ○○월 ○○일

1985년생 배당금 받는 소설가 볼리는 세상을 떠납니다. 가진 것에 비해 좋은 기회와 귀인을 만나 많은 것을 누린 삶이었습니다. 가능한 기회와 강점을 보려 하고 높은 곳을 지향하되 낮은 곳을 바라보는 삶을 살고자 했지만 의도만큼 실천하지 못한 자신을 반성합니다. 그래도 인생에서 나에게 소중한 가치를 알고 나를 세우며 살 수 있었기에 진정으로 만족하는 인생이었습니다.

제 삶에서 가장 잘한 세 가지를 꼽자면, 다니던 회사를 그만두고 과테말라로 자원봉사를 떠난 것, 아이를 낳아 반려동물과 함께 자라게 해준 것, 내 시간을 갖게 해줄 돈을 배우고 가지려고 한 것입니다. 남들과 다른 길을 걸어도 세상과 대화할 소통의 기술과 용기만 있다면 충분히 나답게 살 수 있다는 것을, 내 삶을 충만하게 만들어주는 소중한 한 가지를 위해 시간과 돈을 마련하는 법을 반드시 배워야 한다는 것을 알았습니다. 제 아이 윤우도 인생에서 소중한 가치를 찾아 나만의 것과 좋은 인연을 남기는 사람이 되길 바랍니다.

일상 속 건강함을 찾아 몸과 마음이 안온한 삶을 살았지만 이젠 나이가 들어 정신과 육신이 늙고 병들었습니다. 스스로 올바른 결정을 하지 못하는 순간이 오면 가장 편안한 죽음을 맞으며 자산을 정리할 수 있게 해주시길 부탁드립니다.

1. 중대한 질병이나 노환으로 죽음이 다가오면 남은 가족이 고생하지 않도록 큰 창이 있는 요양원에 입소하게 해주세요. 요양원 비용은 제 생활 종잣돈에서 매월 5백만 원씩 나오는 배당금으로 결제해주십시오. 가끔 제가 보고 싶을 때는 찾아와 말동무를 해주시면 좋겠습니다.

2. 장례식은 사망보험금으로 치를 수 있는 수준으로 진행해주시기 바랍니다. 화장 후 유골은 제 고향 부산 바다에 뿌려주세요. 매월 비용이 발생하는 납골은 하지 않았으면 합니다. 만일 제가 생각나면 가까운 바다를 찾아 그저 이름 한 번 불러주시면 좋겠습니다. 혹시 부의금이 들어오면 전액을 동물보호단체와 미혼모를 돕는 단체에 기부해주시길 부탁드립니다.

3. 제 자산은 이렇게 정리해주시길 부탁드립니다. 제 명의의 자산 중 주거 종잣돈과 생활 종잣돈은 남편과 아들 윤우에게 1:1 비율로 남깁니다. 취향 종잣돈은 아픈 제 막내 동생을 위해 남깁니다. 이후의 병원 진료비와 생활비로 쓰일 수 있게 제 아들 윤우를 법적 보호자로 지정하고자 합니다. 마지막으로 제가 가진 저작권과 그 저작권으로 얻는 수익은 모두 여성 창작자를 위한 발전 기금으로 쓰이게 해주십시오.

나보다 더 사랑할 수 있는
유일한 존재인 내 아들 윤우에게.

엄마는 엄마답게 너를 길렀지만 실은 너답게 자라온 것 같아 그 자체로 대견하고 고맙구나. 남은 삶도 윤우답게 살 수 있도록 엄마는 너에게 물질적 유산뿐만 아니라 정신적 유산도 남겼다는 것을 알아주고 찾아가길 바란다. 단 한 가지 부탁이 있다면 엄마의 남동생인 아픈 너의 외삼촌이 남은 인생 동안 하찮은 취급을 받으며 살지 않도록 금전적, 정서적으로 지원해주길 바란다. 나의 아들로 태어나줘서 고맙고 다음 생에도 우리 다시 만나 행복하게 살자. 사랑한다, 내 아들 윤우.

이렇게 유서를 써보고 나니 인생에서 소중한 것이 선명해지고 더 좋은 삶을 살아야겠다는 마음이 듭니다. 그리고 무엇보다 제가 경제적 자유를 이루려는 목적이 무엇이었는지, 그 목표는 어떤 의미가 있는지 다시금 정리할 수 있었습니다. 여러분도 일 년에 한 번씩 경제적 자유 선언문과 금융 유언장을 써볼 수 있도록 자신에게 시간을 내주세요. 특히 부모란 단순히 아이를 경제적으로 풍요롭게 해주는 것을 넘어 자식이 스스로 깨우치도록 상황을 만들어주는 사람입니다. 만약 자녀가 있다면, 부모가 세상을 떠나도 부모가 이뤄온 돈에 대한 철학과 자산을 불려가는 가치관을 함께 물려받을 수 있도록 정리해보길 바랍니다.

21.5세기 버지니아 울프를 위한 금융 교육

지금으로부터 약 백 년 전 버지니아 울프는 우리에게 연간 5백 파운드의 돈과 자기만의 방을 가져야 한다고 역설했습니다. 그 후 많은 여성이 그것을 갖기 위해 저마다의 방식으로 투쟁해왔지요. 이제 21세기 버지니아 울프로서 살아가고자 하는 저는 이 책을 통해 모든 여성에게 매월 5백만 원의 비근로 소득과 자기 명의의 집을 가져야 한다고 외치고 있습니다. 그러면 좀 더 많은 여성이 이제까지보다 큰 규모의 '내 돈'을 갖게 될 것이라 생각합니다. 나아가 21.5세기를 살아갈 우리 자녀들은 제가 말한 것보다 더 큰 목표를 가졌으면 합니다. 어쩌면 그들은 가상 세계와 우주 공간에도 자산을 꾸려나가게 될지 모르니까요.

저 역시 네 살 아이의 엄마이기에 어떻게 아이에게 금융을 교육해야 할지 고민합니다. 부모로서 지금보다 더 넓은 세계에서 살아갈 아이들에게 필요한 금융이해력을 길러줘야 하니까요. 저는 소득, 소비, 투자, 세금/보험/연금으로 파트를 나누어 복잡한 금융을 아이의 시각에서 느낄 수 있도록 해주려 합니다. 만 5세 이상의 자녀가 있다면 가정 내 일상에서 시작하는 '볼리의 금융 교육'을 시도해보시면 어떨까요?

1. 소득 편

1) 소득은 무엇이고 어떤 소득이 있나요?

2) 내가 받을 수 있는 소득을 알아보고, 소득을 받기 위한 방법을 생각해봅시다.

- (기본소득) 월마다 받는 정기 용돈으로 연령에 따라 아주 적은 금액을 설정하되 기본소득이 필요한 이유에 대해 설명해주세요. 또한 기본소득에는 이부자리 정리, 숙제 등 반드시 수행해야 할 습관이 따른다는 것을 기본적 의무와 연결 지어 알려줍니다.
- (근로 소득) 가사나 부모를 도왔을 때 받는 용돈으로 자신의 시간과 노동력을 들여 버는 근로 소득에 대해 설명해주세요. 이때 가사는 아이의 방 청소가 아닌 가족의 공동생활에 대한 것이 좋습니다.
- (재능소득) 부모를 기쁘게 해주어 받을 수 있는 용돈으

로 자신의 재능이나 강점을 통해 얻는 재능소득을 설명해주세요. 가령 노래를 잘 부르거나 그림을 잘 그리는 등 부모님을 기쁘게 할 수 있는 항목을 자녀와 함께 정하고 그 재능이 돈으로 교환되는 가치를 알려주세요.

▸ (행운소득) 세뱃돈을 비롯하여 가끔 조부모나 지인에게 받는 용돈 등 비정기적인 소득은 행운소득으로 분류해 감사함을 느낄 수 있게 알려주세요.

▸ (투자 소득) 자산 가치를 지닌 대상에 투자했을 때 얻는 소득이라는 정의와 함께, 투자 소득을 얻기 위해서는 반드시 자본이 필요하다는 것을 알려주세요.

**3) 우리 집에 들어오는 소득은 어떤 유형이 있고
얼마나 되는지 함께 이야기해보세요.**

먼저 소득, 즉 들어오는 돈에 대한 개념을 가르치는 것이 좋습니다. 다만 투자 소득은 투자에 대한 개념을 배운 뒤 알려주는 것이 좋으니 실제 투자를 통해 배울 수 있게 해주세요. 돈의 주인이 되기 위해선 돈이 자주, 많이 들어오는 것이 중요함을 느끼게 해주시길 바랍니다. 특히 비정기적이면서 노력 없이도 들어오는 행운소득에 대해서도 반드시 알려주셔야 합니다.

2. 소비 편

1) 소비란 무엇이고 나는 어떤 소비를 하고 있나요?

▹ (용돈기록장) 나는 어떤 소비를 하는지 확인하고 소비가 용돈에서 차감되는 원리를 이해하도록 용돈기록장을 함께 써보세요.

▹ (위시리스트) 갖고 싶은 물건을 얻기 위해서, 가고 싶은 곳에 가기 위해서 돈이 얼마나 필요한지 알아보고 현재 소득에서 소비할 수 있는지, 없다면 얼마나 더 모아야 하는지 함께 계산해보세요. 자녀가 욕망을 긍정적으로 보도록 지도해주시고 매월 마지막 날에는 그중 가장 큰 욕망을 함께 결정해보는 것도 좋습니다.

2) 소비를 위해 필요한 저축의 개념을 알려주세요.

▹ (소비 저축통장) 갖고 싶은 '위시템'이 설정되면 목표액을 정해 그 금액을 모으는 훈련을 해봅니다. 소비 저축통장을 만들어 소비하기 위해서는 반드시 저축이 필요하다는 것을 알게 해주세요. 자녀가 스스로 돈을 모아 원하는 것을 갖게 되었을 때의 만족감을 느끼게 도와주시길 바랍니다.

3) 과소비, 낭비를 하지 않도록 대출의 개념도 함께 알려주세요.

▹ 빌려서 미리 하는 소비가 쌓여 과소비가 된다는 것을 알려주세요. 특히 돈이 모자랄 때 미리 빌려주는 대출의 개념을 알려주시고 이때 반드시 이자가 발생한다는 것을 깨닫게 해주세요.

들어오는 돈을 배웠다면 이제는 나가는 돈을 배울 차례입니다. 소비에서 함께 배워야 할 키워드는 욕망과 저축, 대출입니다. 자신의 욕망을 정확히 보고 그중 가장 최고의 것을 선택하게 하며, 그 욕망을 채우기 위해 저축이 필요하다는 것을 알려주세요. 그리고 대출과 이자라는 개념을 설명하여 저축 없는 소비에는 이자가 붙고 후에 더 큰 비용을 지불해야 한다는 것을 알려주면 자녀가 올바른 소비 습관을 가질 수 있습니다.

3. 투자 편

1) 투자란 무엇이고 투자에는 어떤 방법이 있나요?

- ▸ (주식 투자) 주식이 무엇인지 주식 거래에 대한 개념을 잡을 수 있도록 설명해주세요.
- ▸ (부동산 투자) 부동산 자산이 무엇인지, 월세, 전세 제도에 대해 이해할 수 있도록 설명해주세요.
- ▸ (기타 투자) 달러, 금, 코인과 같은 대체 자산에 대해 알려주세요.

2) 첫 주식 투자해보기

- ▸ (주식 계좌 만들기) 자녀와 함께 직접 실제 증권사에 방문해 주식 계좌를 만드시는 것을 권해드립니다. 자신의 이름이 적힌 증권 계좌를 보게 하시고 어떤 종목을 살 것인지 협의해보세요. 이때 모바일 증권 앱은 부모님의 휴대폰을 통해 실행하되 매매는 자녀와 함께해주셔야

합니다.

▸ (투자 소득) 투자를 통해 얻는 수익인 투자 소득의 개념을 가르치세요. 직접 거래해보며 매매를 통해 얻는 수익금과 보유를 통해 받는 배당금이 무엇인지 알려주세요. 가급적 계좌를 만드는 시점에 가장 빨리 배당을 받을 수 있는 종목을 함께 매수해주시는 게 좋습니다.

3) 내 방으로 부동산 투자해보기

▸ 자녀의 방을 부동산으로 보고 가상의 부동산 투자 게임을 해보세요. 처음에는 월세를 내게 하고(가령 월 2천원), 후에는 전세로 큰돈을 보증금으로 내게 하여(가령 1년에 2만 원) 전월세의 장단점을 스스로 느끼게 해주세요. 마지막에 자신의 방을 매입한다면 얼마에 살 것인지 물어보세요. 매매 성사 3개월 뒤에는 소정의 수익금을 붙여 아이에게 다시 자신의 방을 팔도록 해보세요.

투자는 소득과 소비의 개념이 명확해졌을 때 시작하는 것이 좋습니다. 특히 소비를 통제하지 못하면 투자 교육이 의미 없기 때문입니다. 그리고 투자는 실제 경험이 중요하기 때문에 주식 투자만큼은 꼭 자녀와 함께해보시길 권합니다. 〈부루마블〉이나 〈모노폴리〉 같은 투자 개념을 접목한 보드게임을 활용하여 교육하시면 더욱 효과가 좋을 것입니다.

4. 세금/보험/연금 편

1) 세금이란 무엇이고
우리 집에서 내는 세금은 어떤 게 있을까요?

▷ (우리 집 세금 지도) 우리 가정에서 지불하고 있는 세금을 찾아 기간과 금액을 적는 세금 지도를 함께 만들어 보세요. 소득세, 재산세, 주민세를 알려주시고 어른들도 잘못 알고 있는 전기와 수도 요금은 세금이 아닌 요금으로 이해하게 해주세요.

▷ (나의 방 세금 알기) 자녀가 '내 방으로 부동산 투자해보기'를 통해 자기 방을 매매했다면, 취득세와 재산세의 개념을 알려주고 부모에게 세금을 내도록 안내하세요. 투자를 하려면 세금에 대해 반드시 알아야 합니다. 이 과정을 통해 자녀는 세금에 대해 자연스럽게 배우게 됩니다.

2) 보험이란 무엇이고
우리 집에서 가입한 보험은 어떤 게 있을까요?

▷ (우리 집 보험 지도) 우리 가정에서 지출하고 있는 보험의 기간과 금액을 적은 보험 지도를 함께 만들어보세요. 국민건강의료보험은 왜 소득을 기준으로 구분하는지, 자동차 보험은 왜 의무가입인지 알려주시기 바랍니다. 환급성 보험과 보장형 보험, 생명보험과 손해보험의 차이에 대해서도 가르쳐주세요.

▷ (내가 만들어보는 보험) 자녀의 시각에서 필요하다고 판단하는 보험을 상품으로 만들어보세요. 보험의 원리와 함께 손해 보지 않는 보험 상품이 되려면 어떤 확률로 설계해야 하는지 알게 될 거예요. 이렇게 만든 상품의 수수료와 위험에 대해서 함께 약관을 만들어보면 더욱 좋습니다.

3) 연금이란 무엇이고
우리 집에서 내는 연금은 어떤 게 있을까요?

- ‣ (우리 집 연금 지도) 우리 가정에서 적립하고 있는 연금 의 기간과 금액을 적은 연금 지도를 함께 만들어보세요. 국민연금과 퇴직연금, 기타 연금 상품을 함께 설명하시 어 노후자금의 필요성을 알려주세요.
- ‣ (50년 뒤 내 통장) 50년 뒤 쓸 돈을 투자 또는 연금 상품 을 통해 불린다면 어떻게 되는지 알려주세요. 이때 복리 의 개념을 익힐 수 있도록 꼭 투자와 연관해서 알려주시 면 좋습니다.

그밖에 세금, 보험, 연금에 대해서도 가르쳐주세요. 그리고 이 과정이 우리 집 재무 상황과 어떻게 연결되는 지 꼭 함께 알려주세요. 어린 시절부터 쌓은 재정 공유 경험은 돈의 이름을 배우게 할 뿐 아니라 긍정 머니스 크립트를 형성하고 금융지능을 높여 돈의 주인이 될 수 있는 자질을 차곡차곡 쌓을 수 있게 해줍니다. 비록 나 는 금융 초보로 시작했지만 내 아이는 연령대에 맞는 금융 교육을 제대로 받을 수 있도록, 그래서 나보다 더 빨리 경제적 자유를 누릴 수 있게 기회를 만들어주세 요. 21.5세기의 버지니아 울프들이 여성의 금융 세계를 더 크게 만들어줄 거라 믿으면서요.

나만이 내 삶을 더 좋은 곳으로 데려갈 수 있다

자본주의를 산다는 것은 끊임없이 파도치는 바다 위에 있는 것과 같다고 생각합니다. 크고 작은 파도 속에서 우리는 수영을 잘하는 사람이 될 수도 있고 서핑을 잘하는 사람이 될 수도 있습니다. 저는 제 이름이 새겨진 모터보트를 타고 파도를 즐기는 삶을 살고 싶습니다. 호화로운 여객선이나 무적함대는 되지 못하더라도 온전히 나의 것으로 채워진 배에서 즐기는 여정이라면 진정으로 행복하리라 믿기 때문입니다.

내 배의 크기와 성능은 지금부터 내가 어떻게 준비하느냐에 따라 결정될 것입니다. 여기서 배는 내가 만들어갈 소득 시스템과 자산입니다. 지금까지는 대체로 여성이 남성보다 불리했습니다. 근로 소득 격차가 있는 것은 물론, 혈연으로부터 받는 증여와 상속에서 오는 기타 소득도 주로 남성에게만 집중되었으니까요. 하지만 금융을 알고 대응한다면 여성은 나만의 배를 만들 수 있는 자본소득과 재능소득이라는 기회를 잡을 수 있습니다. 지금까지 보유한 자산의 양과 질이 부족하다 해도 금융에 대해 꾸준히 관심을 가지고 금융 습관을 반복적으로 실천한다면, 목표에 맞는 수준의 리스크를 이해하고 감내할 준비를 하며 용기를 갖는다면, 이미 자질은 충분하다고 생각합니다.

누구나 젊을 때는 돈이 없습니다. 물론 부모로부터 경제적 지원을 충분히 받아 여유롭게 시작하는 이들도 있지만 대부분은 그러지 못합니다. 하지만 스스로 노력하는 마음만 있다면 저는 누구나 자본주의라는 마라톤을 뛸 조건이 충분하다고 생각합니다. (내가 향하고자 하는 방향으로 한 걸음 정도 앞서간 누군가가 있다면 금상첨화겠지요.) 이제 필요한 것은 선택할 용기와 결단입니다. 비록 지금은 부족하지만 시간이 내 편이라는 믿음을 가지고 조금씩 쌓아 올려 내 이름으로 된 자산의 크기를 키워갈 것인지, 아니면 자산 시스템을 만드는 것은 내 길이 아니라고 판단하여 적당한 안정감을 느끼며 자본가나 투자가에게 빌려 쓰는 삶에 적응할지 말입니다.

집을 사고 다람쥐 쳇바퀴 돌듯 평생 대출금을 갚으며 사는 삶에 회의적인 이들도 있습니다. 같은 삶을 살아도 누구는 자산 시스템을 만드는 과정이라 여기고, 누구는 자본주의의 노예가 되었다고 생각하는 것은 그저 성향 차이일까요? 저는 '스스로 어떤 삶을 살 것인가에 대한 그림을 선명히 그렸는가'의 차이라고 생각합니다. 가야 할 곳을 분명히 아는 사람은 오늘 한 걸음을 걸어도 결코 헛되지 않을 것입니다. 월급으로 종잣돈을 만드는 일이 결코 쉽지는 않지만 시간이 쌓이고 투자의 기회가 더해지면 내가 그린 그림이 현실이 되는 그날이 반드시 옵니다.

이 책을 쓰면서 제 속에 엉킨 실뭉치를 풀어가는 시간을 보냈습니다. 여전히 어려운 돈 이야기를 어떻게 하면 지나치게 세속적이거나 기술적이지 않고, 보다 철학적이고 인문학적으로 풀어나갈 수 있을지 오래 고민했습니다. 저만의 방법을 찾아가고는 있었지만 그래도 여전히 불확실한 나의 이야기를 써 내려갈 수 있었던 건,

이것이 완성이 아님을 인정했기 때문입니다. 내 이야기를 바탕으로 다른 여성이 더 나은 자기만의 이야기를 만들어갈 수 있을 것이란 믿음도 들었습니다.

누구나 단 한 번의 인생을 살아가는데, 산다는 것은 매 순간 선택을 쌓는 일입니다. 그 선택으로 우리는 새로운 가능성을 마주하기도 하고, 가지 못한 길을 그리워하게 되기도 합니다. 이 책을 펼쳤다면 여러분은 새로운 가능성 하나를 찾은 것이고, 끝까지 읽었다면 새로운 도전을 시작한 셈입니다. 저 역시 이 책을 세상에 내놓으면서 제 삶이란 보트에 모터를 하나 더 달게 되었습니다. 앞으로도 자본주의란 바다에서 거친 파도를 만나겠지만 새로 단 모터를 믿고 항해에 나서보려 합니다.

책을 마무리하며 저는 '결국 나만이 내 삶을 더 좋은 곳으로 데려갈 수 있다'고 확신했습니다. 처음엔 자본주의사회에 사는 우리 여성에게 금융 공부가 필요함을 강조하고 작은 습관을 만들게 하는 것이 이 책을 쓰는 목적이었습니다. 하지만 다 쓰고 보니 거기서 더 나아가 자기만의 경제적 자유를 설정하고 이를 획득해 원하는 삶을 살아가라고 격려하는 메시지가 되었습니다. 저는 포기하지만 않는다면 삶은 언제나 우상향할 것이라 믿습니다.

이 책을 쓰는 데 힘이 되어준 고마운 사람이 참 많습니다. 제가 재능의 자본화를 실험할 수 있게 도와준 '스여일삶(스타트업 여성의 일과 삶)'과 '창고살롱' 멤버들, 아이디어로 머물러 있던 생각을 구체적인 행동과 습관으로 발전시킬 수 있게 해준 '경험수집잡화점'의 GK운영진들, 특히 매일 서로의 금융 에너지를 일깨워주는 '볼리의 로켓주식'과 일하는 여성들의 북클럽 '19호실로 간 여자들' 멤버들에게 감사의 마음을 전합니다. 또 글쓰는 볼리를 배려하고 격려해준 남편, 아들 윤우, 반려견 바닐라 덕분에 포기하지 않을 수 있었습니다. 무엇보다 아들 윤우를 잘 돌봐주신 어린이집 선생님의 노고 덕에 이 책을 마무리할 수 있었습니다. 자기 검열과 불안으로 키보드에서 손을 떼려 할 때마다 응원해주시고 끊임없이 자극을 불어넣어주신 도서출판 들녘 편집부에도 진심으로 감사의 마음을 전합니다.

끝으로 백 년 전부터 우리 여성을 일깨워준 버지니아 울프 언니에게 고맙다는 말을 전하고 싶습니다. 저 역시 나만의 경제적 자유를 만들어나간 언니가 되고 싶습니다. 제게 '언니'는 삶이라는 이어달리기에서 바통을 건네주는 존재입니다. 저는 인생에서 제 몫의 트랙을 달리면서도 다음 주자에게 바통을 정확히 전하며 완주를 응원하는 언니들을 만나왔습니다. 제 몫의 이야기는 여기까지지만 이제 이 글을 읽고 계신 독자 여러분에게 바통을 전하며 다음 주자가 되어달라고 부탁하고 싶습니다. 아무리 사소하더라도 망설이지 말고 저마다 21세기 버지니아 울프로서의 자유로움을 찾길 진심으로 바랍니다.